Schriften zur Betriebswirtschaftslehre des Verkehrs

Herausgegeben von Professor Dr. Karl M. Brauer

CLAUS-UWE JEHLE

Umschlagoptimierung in Containerterminals bei vier- und mehrlagiger Stapelung

Umschlagoptimierung in Containerterminals bei vier- und mehrlagiger Stapelung

Von

Claus-Uwe Jehle

DUNCKER & HUMBLOT / BERLIN

In Kommission bei
Verlag Duncker & Humblot, Berlin 41

Alle Rechte vorbehalten
© 1981 Duncker & Humblot, Berlin 41
Gedruckt 1981 bei fotokop wilhelm weihert KG., Darmstadt
Printed in Germany
ISBN 3 428 04951 9

VORWORT

Die vorliegende Untersuchung beschäftigt sich mit einem spezifischen Problem des Containerumschlags. Formuliert man allgemein, so wird in dieser Arbeit ein System betrachtet, das durch Zu- und Abgangsprozesse, sowie durch Austauschprozesse zwischen den Systemelementen charakterisiert ist.

Besondere Bedeutung kommt hierbei den Austauschvorgängen zu. Sie werden durch Restriktionen verursacht, die aus der praktischen Arbeit in Terminals mit mehrlagiger Containerstapelung abgeleitet werden können. Die sich aus den Umstaubewegungen für den Terminaloperator ergebenden betriebswirtschaftlichen Fragestellungen stehen im Mittelpunkt der Analyse.

Dabei konnte den empirischen Gegebenheiten durch die Anknüpfung an Problemstrukturen eines Hamburger Containerterminals, der umfangreiches Informationsmaterial zur Verfügung stellte und mir eigene Erhebungen ermöglichte, Rechnung getragen werden. Der Geschäftsleitung und den beteiligten Mitarbeitern der EUROKAI KGaA habe ich für diese Hilfestellung sehr zu danken. Wertvolle Hinweise erhielt ich auch von der HAMBURGER HAFEN- UND LAGERHAUS-AG und der HAPAG-LLOYD AG.

Für die intensive wissenschaftliche Betreuung und zahlreiche Anregungen bin ich meinem akademischen Lehrer, Herrn Professor Dr. Karl M. Brauer zu besonderem Dank verpflichtet. Herrn Professor Dr. Sönke Peters darf ich sehr für die Unterstützung meiner Arbeit danken.

Abschließend eine Anmerkung zur Zitierweise: Die Quellenangaben im folgenden Text werden auf einen Autorennamen oder, wenn die Quelle keine Hinweise auf Verfasser enthielt, auf das erste Wort des Titels, ferner auf ein Stichwort aus dem Titel und gegebenenfalls die Seitenangabe beschränkt.

Berlin-Charlottenburg im Februar 1981

Claus-Uwe Jehle

INHALT

Einführung 9
Umschlagort und Stellplatzproblematik 13

1. Kapitel: Entwicklungsstand des Containerumschlages

11 Realisierte Umschlagsysteme 19
   111 Reine Systeme 19
   112 Gemischte Systeme 27
12 Umschlagmodelle 30
   121 Direkt-Umschlag 30
   122 Terminalübergreifende Systeme 33
   123 Hochregallager 36

2. Kapitel: Organisatorisch-technische Bedingungen des Containerumschlages

21 Container 47
   211 Merkmalsanalyse 47
   212 Erscheinungsformen und ihre Bedeutung . 51
22 Transportmittel 56
   221 Terminaltransportmittel 57
   222 Binnen- und Feederschiffe 58
   223 Bahn 60
   224 Straßenfahrzeuge 63
   225 Tiefseeschiffe 67
23 Terminal 74
   231 Materielle Tatbestände 75
   232 Informationelle Tatbestände 80
   233 Zusammenspiel und Kapazität 84
24 Lagerplatzbereich 86
   241 Dimensionierung 87
   242 Struktur 90
   243 Arbeitsablauf 91

3. Kapitel: Ökonomische Zielsetzung des Containerumschlages

31 Zielanalyse 97
32 Bedeutung der Kosten 98
33 Die Kostenelemente 99

331 Bereithaltungskosten	100
332 Nutzungsabhängige Kosten	101
34 Kosten des Umstauens und Verfahrens	105

4. Kapitel: Modellbildung und -analyse des Containerumschlages

41 Methodischer Abriß	113
411 Strategienbildung	114
412 Bedienungstheoretische Elemente	115
413 Simulation	117
42 Aufbereitung der Ausgangsdaten	119
421 Abholer	119
422 Schiffe	126
43 Schiffsorientierter Vorlauf	127
431 Lagerplatzdimensionierung	131
432 Zuweisung der Einstauebenen	132
44 Ankunftsprozeß	138
441 Ankunftsreihe	139
442 Einstauen ohne Berücksichtigung der Abholer	140
443 Abholerorientiertes Einstauen	142
45 Abgangsprozeß	145
451 Erstellen der Verweildauerverteilungen	147
452 Abholverteilung	153
453 Abholreihe	156
454 Auslagern und Umstauen	158

5. Kapitel: Ergebnis der Untersuchung des Containerumschlagmodelles

51 Darstellung der Simulationsläufe	167
52 Ökonomische Bewertung	174
Zusammenfassender Überblick	178
Literaturverzeichnis	183
Sachwortverzeichnis	191

EINFÜHRUNG

Seit im Jahre 1966 der erste Liniendienst zwischen den Vereinigten Staaten und Europa aufgenommen worden ist [MÖLLER, Stand, 1782], steht der Containerverkehr im Zeichen eines starken Aufwärtstrends. So hat sich beispielsweise der Welt-Containerbestand in den Jahren 1971 bis 1978 von 0.62 auf über zwei Millionen TEU's (Twenty-Feet Equivalent Units) mehr als verdreifacht [EWERTH, Leercontainer-Zulieferung, 170; KÖNIG, Welt-Containerbestand, 19], und auch die Hafenplätze - für die Bundesrepublik Deutschland sind herausragend die Bremischen Häfen und der Hafen Hamburg zu nennen - verzeichneten 1968 bis 1972 jährliche Zuwachsraten (Containerdurchsatz in TEU) von durchschnittlich 30 Prozent [CONTAINER, ports, 15, 39]; sowohl in Bremen, als auch in Hamburg betrug der Containerisierungsgrad, das Verhältnis containerisierter Ladung zum gesamten Stückgutaufkommen 1978 mehr als 30 Prozent [JEHLE, Verkehr, 13]. Tabelle 1 [JEHLE, Arbeitszeitgestaltung, 12] verdeutlicht diese Entwicklung am Beispiel des Hamburger Hafens.

Zwar wurden "... Rationalisierungen ... durch die Entwicklung und Normierung der Ladeeinheiten, die darauf abgestimmte Automatisierung der Umschlageinrichtungen und die Beschleunigung der Informationsflüsse ... angestrebt" [BRAUER, Tätigkeitsbedingungen, 92]. "Allerdings ist daraus erwachsender Nutzen in starkem Maße der Kostenexplosion zum Opfer gefallen" [INTERTRAFFIC, Containerfahrt, 289]. "Die Euphorie des Containerbooms der 60er Jahre ist vorbei" [FRUTIGER, Containerverkehr, 13].

Dieses Spannungsfeld aus Mengenwachstum und Kostendruck findet hinsichtlich der Container-Terminals seine konkrete Ausprägung in der Frage nach der Stellflächengröße und dem Handling-System als jeweils realisierte Form des Umschlages. Dabei sind bestehende Interdependenzen und daraus resultierende Zwangsläufigkeiten zu beachten. Ein wachsendes Containeraufkommen bedingt in Terminals, die flächenmäßigen Restriktionen unterworfen sind - in Abhängigkeit von der Verweildauer - den Übergang zu mehrlagiger Stapelung. Unter Berücksichti-

Jahr	1969	1970	1971	1972	1973	1974	1975	1976	1977	1978
Container-aufkommen in Stück	41944	59884	90244	130662	206851	242017	260313	336768	367586	471824
davon Export-container in Stück	24467	36117	57461	72736	106186	120173	131067	166562	180142	236715
davon Import-container in Stück	17477	23767	32783	57926	100665	121844	129246	170206	187446	235109
Containerisierungs-grad in Prozent	3.2	4.6	7.7	10.1	17.0	17.9	19.6	23.9	25.7	30.7

Tabelle 1: Containerumschlag und Containerisierungsgrad im Hamburger Hafen in den Jahren 1969 bis 1978.

gung betriebswirtschaftlicher Gesichtspunkte ist damit die Umschlagform determiniert, da Platzbrücken-Systeme die gegebenen Flächen bestmöglich ausnutzen [KRAUSE, Containerumschlag, 247 f.].

Steigende Auslastungsgrade implizieren hier aber eine zunehmende Einschränkung des wahlfreien Zugriffs, da das Prinzip 'last in - first out' nicht a priori gilt. Als Folge ergibt sich eine mit wachsender Stapelhöhe größer werdende Zahl von Umstaubewegungen, die unerwünscht sind, da sie für den Terminalbetreiber Kosten darstellen, denen keine direkt zurechenbaren Erlöse gegenüber stehen.

Eine Lösung des Problems könnte darin gesehen werden, durch Kundenbeeinflussung Änderungen der Anliefer- und Abholgewohnheiten (Input und Output) zu erreichen, da die Umstauproblematik wesentlich von den Zu- und Abgangsprozessen, die am Containerlager abgewickelt werden, geprägt wird. Die Kundenstruktur eines Common-User-Terminals, wie in Europa üblich, läßt diese Vorgehensweise aber nicht zu, da die Möglichkeiten des Terminal-Operators, einen entsprechenden Einfluß auszuüben, zu gering sind. Aufgrund dieser Unbeeinflußbarkeit der Input- und Outputbeziehungen wird in praxi häufig die Meinung vertreten, daß das Umstauproblem im Rahmen eines Platzbrückensystems nicht lösbar ist.

Einerseits fehlen aber Untersuchungen, die diese Aussage verifizieren. Zum anderen sind die betriebswirtschaftlichen Grundprobleme, die sich aus der beschriebenen Fragestellung ergeben, in der Literatur, die sich mit Umschlags- und Lagerhaltungsproblemen nicht-containerisierter Güter beschäftigt, schon hinreichend erörtert worden [GUDEHUS, Grundlagen; JÜNEMANN, Stückgutläger; LAGERTECHNIK, Stückgüter; SCHIPP-KÜHLER, Hochregallager; SCHULT, Lageroptimierung].

Da aber ..."Art und Umfang der Planungen ... in den Lager-' und den Umschlagsbereichen von Verkehrsbetrieben, wie auch den Lager- und Umschlagsabteilungen von Betrieben anderer Wirtschaftszweige ... in starkem Maße von den Anforderungen der Güter an die Ausstattung und die Ablauforganisation dieser Bereiche abhängig" [BRAUER, Leistungsbereitschaft, 90] ...

sind, erscheint eine spezifische Analyse der Umstauproblematik in Containerterminals sinnvoll.

Zielsetzung dieser Analyse ist es, ein ablauforganisatorisches Dispositionsverfahren für die Containereinstauung in einem Platzbrückenbereich zu entwickeln, mit dessen Hilfe bei der Auslagerung der Container die Umstauvorgänge, und damit die Umschlagkosten tendenziell minimiert werden.

Die geschilderten Probleme stellen sich nicht für jeden Container-Terminal in gleich hohem Maße. Es ist daher zweckmäßig, vorab eine Abgrenzung des Untersuchungsortes und der damit verbundenen Stellplatzproblematik vorzunehmen.

Neben dem Umschlagort ist das Umschlagsystem von großem Einfluß auf die Fragestellung. Es erscheint insofern angebracht, die Entscheidung für ein Platzbrückensystem im Rahmen einer wertenden Darstellung heute realisierter Systeme und Umschlagmodelle nochmals zu überprüfen.

Im Sinne einer Systemanalyse sind sodann die organisatorisch-technischen Bedingungen zu untersuchen, die nach Art, Wirkung und Zusammenspiel den Umschlag in einem Containerlager determinieren. Erst auf dieser Grundlage kann die ökonomische Zielsetzung analysiert werden, da eine operationale Zielgröße nur ableitbar ist, wenn die die Zielart beeinflussenden Faktoren bekannt sind [BAMBERG, Entscheidungslehre, 8, 25 ff.].

Damit sind alle Voraussetzungen für die Modellbildung und -analyse, sowie für die abschließende Bewertung der Untersuchungsergebnisse geschaffen.

UMSCHLAGORT UND STELLPLATZPROBLEMATIK

Container-Terminals sind der institutionelle und materielle Rahmen der geschilderten Problemstellung. Hier konkretisiert sich der Umschlag, und damit auch die in diesem Zusammenhang stehenden Fragen. Der Begriff 'Container-Terminal' ist aber sehr global und entsprechend vielschichtig. Das gilt sowohl für die Wortzusammensetzung, als auch für die jeweils repräsentierten Inhalte [HEEP, Fachthesaurus, 27, 30]. Als Grundlage für die nachfolgende Arbeit muß dieser Oberbegriff daher aufgeschlüsselt werden, um aus den so gewonnenen Interpretationsmöglichkeiten zu einer sachlogisch begründeten Definition für das weitere Vorgehen zu gelangen. Diese Untersuchungsweise läßt sich anhand der Beantwortung zweier Fragestellungen realisieren.

Die Frage 'wo erfolgt der Umschlag?' führt im ersten Schritt zu der grundsätzlichen Einteilung in Seehafen- und Binnenumschlagplätze, wobei 'Terminal' und 'Umschlagplatz' als Synonyma Verwendung finden. Die Binnenumschlagplätze gliedern sich weiter in Flug- und Binnenhäfen, sowie Schiene-Straße-Terminals [BRAUER, Tätigkeitsbedingungen, 75 ff.; HEEP, Transport, Blatt 0340].

Zwischen diesen vier Formen ist eine Wahl-Entscheidung zu treffen, die an den sachlich relevanten Kriterien 'Mengenkomponente' und 'umfassende Anwendbarkeit' orientiert werden muß. Hinsichtlich der umfassenden Anwendbarkeit bietet es sich an, zu untersuchen, inwieweit die jeweiligen verkehrsträgerspezifischen Probleme Berücksichtigung finden. Diese Betrachtungsweise führt zwangsläufig zur Entscheidung für den Seehafenterminal, da die Einflüsse aller Verkehrsträger - abgesehen vom Luftverkehr, dazu weiter unten - in dieses System eingehen, See- (Tiefsee- und Feeder-), Binnenschiff, Bahn und Lastkraftwagen [WYREMBA, Container-Umschlagsysteme, 11 ff.]. Auch eine Mengenbetrachtung rechtfertigt die Wahl, da im Seehafen - zum Beispiel beim Zusammentreffen mehrerer Schiffe - bis zu 2000 TEU an einem Tag umzuschlagen sind [AUTORENKOLLEKTIV, Container-Transportsystem, 151]. Das impliziert Schwierigkeitsgrade, die man in Binnenterminals nicht antrifft, weil derartige Leistungsspitzen dort nicht erreicht werden [WALDSTÄTTEN, Schienentransport, 103 ff.].

Als Abschluß der ersten Frage sei noch kurz auf den Bereich 'Flughafen' eingegangen. Er ist gekennzeichnet durch relativ geringe Umschlagmengen und sehr unterschiedliche Container, da die Behältertypen hier auf die jeweiligen Flugzeugabmessungen zugeschnitten sind [BRAUER, Tätigkeitsbedingungen, 41; JEHLE, Verkehr, 74 ff., 77]. Das Erscheinungsbild ist vielfältig und als Rahmen für die zu analysierende Themenstellung entsprechend ungeeignet.

Auch die Beantwortung der Frage 'was wird umgeschlagen?' führt zu einer Entscheidung für den Seehafenterminal. Kriterium ist hierbei wieder der Mengenanfall, andererseits aber auch die Stapelhöhe, da vier- und mehrlagige Varianten untersucht werden sollen.

Nach international anerkannter Definition sind Klein-, Mittel- und Großcontainer zu unterscheiden, Großcontainer lassen sich sinnvoll in Binnen- und Überseecontainer einteilen [JEHLE, Verkehr, 63, 77]. Die Klein- und Mittelcontainer können schon unter dem Aspekt des Mengenanfalls vernachlässigt werden [BRAUER, Tätigkeitsbedingungen, 37]. Gleiches gilt für Binnencontainer, da sie nur dreifach hoch gestapelt werden können [BRAUER, Tätigkeitsbedingungen, 39]. Die verbleibenden Überseecontainer sind anteilsmäßig am höchsten in Seehafenterminals anzutreffen.

Untersuchungsrahmen ist somit der Überseecontainerumschlag in Seehafenterminals. Dadurch ist gewährleistet, daß das Lösungsverfahren, das im folgenden zu entwickeln ist, auch auf Binnenterminals übertragen werden kann, falls die der Arbeit zugrundeliegende Problemstellung hier Relevanz erlangen sollte.

Wie bereits weiter oben erwähnt, ist - neben dem Handling-System - die Stellfläche nun die entscheidende Determinante für den Containerterminal im eben definierten Sinn. Es wurde auch schon darauf hingewiesen, daß zwischen diesen beiden Größen ein Wirkzusammenhang besteht. Daher ist es sinnvoll

- bevor im nächsten Kapitel auf die einzelnen Systeme und Modelle eingegangen wird - die Bedeutung der beiden Parameter und ihr Verhältnis zueinander deutlich zu machen.

Das Handling-System bestimmt die Betriebsart des Terminals. Die hier getroffene Entscheidung für oder gegen ein Verfahren ist deshalb von großer Tragweite und aufgrund der hohen Investitionen langfristig bindend. Damit erklärt sich die Relevanz, die diesem Kriterium zukommt. Die in der Realität zu einer Systementscheidung führenden Überlegungen sind stark vom einzelnen Anwendungsfall abhängig. Demzufolge haben sich generalisierende Aussagen zwangsläufig auf globale Maßeinheiten zu stützen. 'Kapitalanforderungen', 'Informationsbedürfnis', 'Auslastungsgrad' und 'Stellfläche' sind als Beispiele zu nennen [SECHE, Seehafen-Containerterminal, 1].

Dabei darf nicht übersehen werden, daß zwischen diesen Kriterien Beziehungen bestehen, die in ihren Wirkungen sorgfältig zu prüfen sind. Die Kapitalanforderungen können auf die Stellfläche wirken, die bei Größenvariationen das Informationsbedürfnis beeinflußt. Die zwischen Informationsbedürfnis und Auslastungsgrad bestehenden Interdependenzen können ihrerseits auf die Stellfläche Einfluß nehmen, und so weiter.

Für die vorliegende Arbeit kann die Betrachtung dieser Zusammenhänge aber vereinfacht werden. Orientiert man sich am grundlegenden Gedankengang der Analyse, muß die Entscheidung für ein Handling-System am Engpaßfaktor 'Stellfläche' gemessen werden. Da diese Größe aber invariabel sein soll, bleibt zu untersuchen, welche maximalen Auslastungsgrade mit den verschiedenen Verfahren bei gegebenem Areal zu erzielen sind. Wendet man diese, zur Systementscheidung führende Vorgehensweise analog bei den folgenden Systembeschreibungen an, wird der Effekt einer wertenden Verfahrensdarstellung erreicht.

1. Kapitel

ENTWICKLUNGSSTAND DES CONTAINERUMSCHLAGES

11 REALISIERTE UMSCHLAGSYSTEME

Die Darstellung der realisierten Systeme zielt auf das Container-Handling im Terminal bei indirektem Umschlag. Wesentliches Kennzeichen ist hier der zweimalige Umschlagvorgang Seeschiff – Zwischenlager und Zwischenlager – Binnentransportmittel, oder in umgekehrter Reihenfolge in Exportrichtung [WYREMBA, Container-Umschlagsysteme, 11 ff.].

Bei den folgenden Betrachtungen bleibt die Kaiseite (Laden und Löschen der Schiffe) ausgeklammert, da hier weltweit nahezu ausschließlich Containerbrücken (Portainer, Gantry Cranes) eingesetzt werden [CONTAINER, ports, 4 ff.], die in bezug auf Funktion und Konstruktion für diese Untersuchung nur marginale anbieterspezifische Unterschiede aufweisen [DENTON, Containerisation 1980, 360 ff.; VERSCHOOF, Cranes, 1 ff.]. Der Einsatz konventioneller Kräne – meist zwei gekoppelt als sogenannte 'Twin-Kräne' – für das Container-Löschen und -Laden [HEBELER, Terminal, 1176 f.] wird heute im Hinblick auf die mit dieser Methode erzielbaren Umschlagleistungen nicht mehr oder nur noch in kleineren Umschlaganlagen praktiziert.

111 REINE SYSTEME

Im folgenden werden polytype reine Verfahren beschrieben, das heißt Umschlagsysteme, die mit Containerbrücken und einem weiteren Gerätetyp arbeiten [WYREMBA, Container-Umschlagsysteme, 56]. Danach lassen sich fünf Varianten unterscheiden: Chassis (auch Trailer, Sattelanhänger), Van Carrier (auch Portalhubwagen, Straddle Carrier oder Portalstapler genannt), Schwerlast-Gabelstapler, Seitenstapler und Portalkran (Constacker, Stack Crainer, Lagerplatzbrücke, Stapelkran, Transtainer und andere Bezeichnungen) [BISAIL, Positioniersteuerung; DENTON, Containerisation 1980, 345, 364; KRAUSE, Containerumschlag, 241 ff.; SEIDELMANN, Containerverkehr, 61 ff.].

Wesentliche Elemente des Chassis-Systems sind Sattelanhänger, wobei die nur für den Terminaltransport geeigneten und die für den Straßenverkehr zugelassenen Formen unterschieden werden können [KRAUSE, Containerumschlag, 242]. Allerdings ist beim reinen Chassis-System nur die letztgenannte Art sinnvoll einzusetzen, da sonst ein zusätzlicher, die Vorteile des Systems zunichte machender Umstauvorgang 'Terminal- auf Straßenchassis' (oder umgekehrt) erforderlich wäre.

Der Umschlag - Beispiel Doppelumschlag in Exportrichtung - erfolgt derart, daß das Chassis mit dem Exportcontainer unter das Portal der Containerbrücke gefahren, der Container abgenommen, und ein Importcontainer aufgesetzt wird. Anschließend erfolgt der Rücktransport des Chassis zur Lagerfläche, die hier eher als Parkplatz zu bezeichnen ist. Nachdem die Zugmaschine das Chassis abgesetzt hat, wiederholt sich der beschriebene Ablauf mit den nächsten. Ein Umsetzen der Container auf Binnenverkehrsmittel erübrigt sich bei diesem Verfahren, da das Chassis lediglich an eine Straßenzugmaschine angekoppelt, und der Container (in Importrichtung) so an den Empfänger ausgeliefert wird [WYREMBA, Contaier-Umschlagsysteme, 114 f.].

"Dieses System ist dann sinnvoll, wenn die gesamte Transportkette des Containers zu einer Gesellschaft gehört. Dieser Spezialfall ist bei Sea-Land gegeben" [KRAUSE, Containerumschlag, 244]. Zweckmäßig erscheint das Chassis-System auch dann, wenn der Binnenverkehr fast ausschließlich über Lastkraftwagen abgewickelt wird. Beispiel hierfür ist der Maher Terminal in New Jersey, Vereinigte Staaten [NORTILLO, Chassis-mounted, 49 ff.]. "Maher is the most advanced, sophisticated multiuser containership terminal in the United States servicing seven separate containership carriers ... The nature of the operation is a fully-wheeled chassis mounted system" [NORTILLO, Chassis-mounted, 49].

Die grundlegende Voraussetzung eines überwiegenden Lastkraftwagentransportes im binnenländischen Verkehr ist aber für die Bundesrepublik Deutschland nicht gegeben [SEIDELMANN, Containerverkehr, 23]. Zwei weitere Faktoren wirken sich bei der Systembeurteilung nachteilig aus. Da nur einlagig abgestellt werden kann, ist der Flächenbedarf sehr groß. Bei Maher beispielsweise werden für 4500 Stellplätze 809600 Quadratmeter

oder durchschnittlich 180 Quadratmeter für einen Container
vorgehalten [NORTILLO, Chassis-mounted, 49]. Zum zweiten ist
die Kapitalbindung hoch, da für jeden wasserseitig erwarteten
Container ein Chassis bereitzustellen ist [KRAUSE, Containerumschlag, 254]. Für einen Common-User-Terminal der Bundesrepublik ist das Chassis-System in reiner Form als relevantes
Arbeitsmodell des Container-Handling daher nicht diskutabel.

Der Van-Carrier ist als kombiniertes Hebe- und Flurfördermittel unabhängig von anderen Geräten einsetzbar und entsprechend flexibler als das Chassis. Er übernimmt neben der
reinen Transport- auch alle Umschlagfunktionen im Terminal,
Fahrten zwischen Containerbrücke und Lagerfläche, sowie jeweils Aufnehmen und Absetzen der Container. Einsatzmäßig ist
der Van-Carrier auf das Terminalgelände beschränkt [MAYER,
Transport, 489 f.]. Ein reines Van-Carrier-System wird beispielsweise im Solent Container Services Terminal, South-
ampton, Großbritannien praktiziert [HOVEY, Straddle-carrier,
41 ff.].

Um bei diesem System einen reibungslosen Betriebsablauf
zu gewährleisten, ist zunächst für eine ausreichende Ausstattung mit Van-Carriern zu sorgen. Diese Zahl ist in Abhängigkeit von der Anzahl der insgesamt eingesetzten Containerbrük-
ken, den Spielzeiten dieser Brücken, der realisierbaren Geschwindigkeit der Van-Carrier und von den zurückzulegenden
Fahrstrecken zu ermitteln.

In bezug auf die Umschlagvorgänge auf Binnentransportmittel ist die Behandlung des Lastkraftwagens unproblematisch
[WYREMBA, Container-Umschlagsysteme, 82]. Schwierigkeitsgrade
weisen dagegen Ladevorgänge an Eisenbahnwaggons auf. Hier muß
bei jedem Containerumschlag der ganze Zug überfahren werden.
Wegen der geringen Seitenabstände 'Van-Carrier - Waggon' ist
das nur mit sehr niedriger Geschwindigkeit möglich. Bei Container-Ganzzügen werden darüber hinaus mehrere Van-Carrier
zur Bedienung je Zug eingesetzt, so daß zusätzlich eine gegenseitige Behinderung eintritt. Alternativ ist der Zug in kurze
Wagengruppen mit ausreichenden Abständen - um die Van-Carrier
ein- und ausfahren zu lassen - auseinander zu ziehen. Erfolgt

die An- und Abfuhr der Container überwiegend mit Eisenbahnwaggons, wird der Van-Carrier daher nicht das geeignete Umschlaggerät sein [WYREMBA, Container-Umschlagsysteme, 78 ff.].

Die Flächenausnutzung ist im Vergleich zum Chassis günstiger, da die Container in drei Lagen gestapelt werden können. Bei Lagerung in längeren Reihen ist allerdings nur eine zweilagige Stapelung rationell, da sonst keine Fahrlage erhalten bleibt. Zwischen den Containerreihen müssen Fahrgassen freigehalten werden, die das Überfahren durch die Van-Carrier ermöglichen [KRAUSE, Containerumschlag, 255]. Die Stapelhöhe trifft für die meisten der heute eingeführten Varianten zu [SHORROCKS, Straddle-carriers, 9], seit Anfang 1980 existiert aber ein Fabrikat, das auch vierlagig arbeitet [GEUS, equipment, 18/1].

Die erste Generation der Van-Carrier, die durchaus noch im Einsatz sind, wies ferner spezielle technische Probleme auf. "Problematisch bei diesen Geräten ist, daß bei ihnen fast regelmäßig Öl aus der Hydraulik austritt ... Dieses Öl verschmutzt die Fahrbahn, löst sogar gegebenenfalls die Bindemittel im Asphalt der Fahrbahnoberfläche. Sorgfältige Wartung und bessere Konstruktion können das Problem zwar mildern, aber nicht grundsätzlich lösen" [SEIDELMANN, Container, 62].

Durch Änderung der Antriebstechniken - "... away from hydraulic drive to diesel-electric and direct mechanical systems ..." [SMITH, hydraulic, 63] - wurden im Hinblick auf die Problemstellung zwar Erfolge erzielt [MUNDY, Straddlecarrier, 46 ff.; SMITH, Straddlecarriers, 85 ff.], dennoch hat der Van-Carrier im Systemvergleich die höchste Ausfallzeit [FRANKEL, Selection, 4/3].

Nachteilig sind auch die in Relation gesehen hohen Anschaffungs- und Unterhaltungskosten [KRAUSE, Containerumschlag, 241, 255]. Fazit ist somit, daß der Einsatz des Van-Carriers als reines Umschlagsystem auf kleinere und mittlere Terminals beschränkt bleiben sollte. Bei langen Transportwegen und hohem Containerdurchsatz ist die Leistungsfähigkeit dieses Systems nicht zufriedenstellend [KRAUSE, Containerumschlag, 254 f.].

Das Schwerlast-Gabelstapler-System in reiner Form ist

zwar technisch realisierbar, für einen Hochleistungsterminal
aber aus verschiedenen Gründen nicht zu empfehlen. Zum Einsatz
gelangen hier Geräte, die heute in der Lage sind, auch beladene 40-Fuß-Container zu transportieren und vierlagig zu stapeln
[EIN, Container, 523; TRANSPORT, Schwerlastgabelstapler,
36 f.; VIERZIG, Gabelstapler, 1004 f.].

Hinsichtlich der Lastaufnahme unterscheidet man Schwerlast-Gabelstapler mit Toprahmen (zum Anschlagen von oben), mit
Seiten- und mit Stirnrahmen. Letztere sind oft zusätzlich für
Drehungen des Containers um seine Längsachse ausgelegt und damit insbesondere für den Einsatz an Reparaturcontainern geeignet. Die Rahmen sind Spreadern vergleichbar und fassen die
Container an den jeweiligen vier Eckbeschlägen - Top, Seite
oder Front. Teilweise - das als vierte Variante - sind Container mit Staplertaschen in der Bodengruppe ausgerüstet, in die
die Gabeln eingefahren werden können. Hier entfällt die Rahmenkonstruktion [SEIDELMANN, Containerverkehr, 63 f.].

Ein elementares Problem dieses Systems ist die Sichtbehinderung des Fahrers. Schwerlast-Gabelstapler können daher
nur innerhalb eines gesicherten Bereichs eingesetzt werden.
Die Verwendung als Transportmittel erfordert spezielle Fahrzeuge, bei denen die Rückwärtsfahrt durch zwei Fahrersitze
oder einen Fahrerdrehsitz erleichtert und sicherer gemacht
wird [BONEFELD, Gabelstaplereinsatz, 26; WYREMBA, Container-Umschlagsysteme, 88 f.].

Unter dem Aspekt der Flächenausnutzung ist der Schwerlast-Gabelstapler bei vierlagiger Stapelung positiv zu bewerten, allerdings entsteht ein Flächenverlust durch breite Fahrstraßen, die durch den Drehradius des Gerätes mit aufgenommener Last erforderlich werden. Als vorteilhaft können auch die
relativ niedrigen Investitionskosten angesehen werden [KRAUSE,
Containerumschlag, 241].

Dennoch machen die genannten Nachteile "... dieses Umschlagssystem zu einem Risiko. Sicherlich wird man in kleineren Terminals in Ausnahmefällen dieses System einsetzen; generell sollte man aber auf diese Möglichkeit lieber verzichten"
[SEIDELMANN, Containerverkehr, 63]. Überwiegend wird der

Schwerlast-Gabelstapler daher zum Container-Handling im Roll-on/Roll-off-Verkehr [HICKS, Handling, 71] oder im Leercontainer-Handling und im Reparaturbereich verwendet [WYREMBA, Container-Umschlagsysteme, 89] Bei den letztgenannten Einsatzgebieten ist sogar fünflagige Stapelung möglich; jedoch bleibt zu berücksichtigen, daß durch Windkräfte, außermittigen Lastschwerpunkt und Geländeunebenheiten die Standfestigkeit des Fahrzeugs beeinträchtigt werden kann [FÜNF, Container, 626].

Der Seitenstapler ist ein Container-Umschlagwagen, der den Container seitlich aus dem Fahrzeugbereich heraushebt und einstapelt oder umgekehrt auslagert. Er benötigt wie der Gabelstapler keine Fahrlage, im Gegensatz zu diesem aber auch keine breiten Fahrstraßen, da die Drehung des Gerätes entfällt [GIBNEY, Handling, 85; SMITH, Side, 95 ff.; WIRTSCHAFTLICHER, Spezial-Stapler, 29 ff.]. Allerdings arbeitet "... der Seitenstapler ... nur nach einer Seite. Deshalb muß er vom richtigen Ende her in den Gang zwischen zwei Containerreihen einfahren" [SOMMER, Containerverkehr, 70].

Die Geräte können dreilagig stapeln, bieten insofern eine gute Flächenausnutzung [BALDERSTONE, Sidelift, 129 ff.]. Da die Umschlagvorgänge aber zeitintensiver sind (Abstützen des Seitenstaplers), ist eine Verwendung nur in Terminals mit geringem Durchsatz sinnvoll [CRAMER, Throughput, 26/1 ff.]. Für ein Handling-System im Rahmen dieser Analyse sind Seitenstapler ungeeignet.

Das Portalkran-System kann als eine Weiterentwicklung des monotypen Verfahrens mit nur einer oder mehreren wasserseitigen Containerbrücken interpretiert werden [WYREMBA, Container-Umschlagsysteme, 65]. Man unterscheidet luftbereifte und schienengebundene Typen [HEBELER, Rail-mounted, 27 ff; KATAOKA, Rubber-Tyred, 15 ff.]. Die letztgenannte Variante weist nicht nur durch größere Dimensionierung der Kräne eine bessere Flächenausnutzung auf, sondern ist auch durch geringere Ausfallzeiten (FRANKEL, Selection, 4/3] den luftbereiften Geräten überlegen, die aus diesen Gründen nicht weiter betrachtet werden sollen.

Beim Portalkran-System übernimmt die wasserseitige Con-

tainerbrücke den Umschlag zwischen Schiff und Kai, während der
Portalkran alle anderen Aufgaben erfüllt, den Transport zum
Lagerplatz, Einlagern, Stapeln, Auslagern und Umschlagen auf
die landseitigen Binnentransportmittel. Die Übergabe der Container erfolgt dabei in dem Bereich, der vom Kragarm des Portalkranes und dem landseitigen Kragarm der Containerbrücke
gleichzeitig überdeckt wird [WYREMBA, Container-Umschlagsysteme, 65 ff.].

Abgesehen vom hohen Investitionsvolumen, das mit derartigen Anlagen verbunden ist und abgesehen von den Schwierigkeiten, die bei Ausfall eines Kranes entstehen können, haftet dem
reinen System ein entscheidender Nachteil an, der aus der
Taktabstimmung zwischen Containerbrücke und Portalkran herrührt. Die Kranzykluszeit der wasserseitigen Containerbrücke
weist, bedingt durch den jeweiligen schiffsseitigen Arbeitsplatz, erhebliche Schwankungen auf. Gleiches gilt für den Portalkran, hier in Abhängigkeit von der unterschiedlichen Entfernung zwischen Containerlagerplatz und Arbeitsfläche. Bei
großen Containermengen sind folglich mindestens zwei Portalkrane zur Bedienung einer Containerbrücke erforderlich. Damit
aber wächst die gegenseitige Behinderung der Geräte. Das reine
Portalkran-System ist daher nicht empfehlenswert [WYREMBA,
Container-Umschlagsysteme, 67 f.].

Unter dem Aspekt der Fläche betrachtet wird mit diesem
Verfahren allerdings ein Optimum erreicht, da hier je nach
Kranbauart vier- bis sechslagig - zuzüglich Fahrlage - gestapelt werden kann [LYGO, Rail-mounted, 59].

Ausgehend von einer Einheitsfläche in den Abmessungen 200
Meter mal 62.5 Meter, entsprechend 12500 Quadratmeter, können
jetzt die maximalen Auslastungen in TEU für die einzelnen Systeme aufgezeigt werden. Tabelle 2 [KRAUSE, Containerumschlag,
248] enthält die entsprechenden Daten. Die voneinander abweichenden Werte bezogen auf die Grundfläche (einlagig) resultieren aus dem systemabhängig unterschiedlich großen Flächenbedarf für Fahrstraßen und Stellplatz je 20-Fuß-Einheit.

System	Containerlagen	Kapazität in TEU
40-Fuß-Chassis	1	396
Seitenstapler	1	448
	2	896
	3	1344
Van-Carrier	1	500
	2	1000
	3	1500
	4	2000 [1]
Schwerlast-Gabelstapler	1	420
	2	840
	3	1260
	4	1680
	5	2100 [2]
Portalkran (schienengebunden)	1	704
	2	1408
	3	2112
	4	2816
	5	3520
	6	4224
	7	4928 [1]

1) ungeeignet, da keine Fahrlage existiert
2) nur im Leercontainer-Handling

Tabelle 2: Kapazitäten reiner Container-Umschlagsysteme auf 12500 Quadratmetern Fläche bei unterschiedlichen Stapelhöhen.

112 GEMISCHTE SYSTEME

Die Darstellung der reinen Systeme hat gezeigt, welche prinzipiellen Vor- und Nachteile den einzelnen Verfahren zuzurechnen sind. Zwar werden vereinzelt diese reinen Formen praktiziert, allerdings handelt es sich dabei um Ausnahmefälle. Man versucht vielmehr, durch geeignete Kombination der Geräte eine Kompensation der jeweilig systemimmanenten Nachteile zu erreichen und somit ein aufgabenspezifisch gesamtoptimales System zu schaffen. Entsprechend liegen in der Praxis regelmäßig Mischsysteme vor, wobei sich 24 Varianten ergeben können, da prinzipiell alle Verfahren miteinander kombinierbar sind.

Geht man davon aus, daß Schwerlast-Gabelstapler lediglich eine Hilfsfunktion im Reparatur- und Leercontainerbereich ausfüllen oder zur Abdeckung eventueller Verkehrsspitzen herangezogen werden, keinesfalls aber eine Hauptdeterminante des Betriebsablaufs sind, dann können alle Mischsysteme mit diesem Element unberücksichtigt bleiben. Aufgrund der weiter oben geschilderten Nachteile können alle Varianten, die den Seitenstapler beinhalten, ebenfalls vernachlässigt werden.

Somit verbleiben die vier Mischsysteme 'Portalkran - Van-Carrier' [LYGO, Rail-mounted, 57 ff.], 'Portalkran - Chassis' [KRAUSE, Containerumschlag, 256 f.], 'Van-Carrier - Chassis' [SEIDELMANN, Containerverkehr, 66] und 'Portalkran - Van-Carrier - Chassis' [HEBELER, Rail-mounted, 27 ff.] in der Betrachtung. Hinsichtlich dieser Systeme soll 'Chassis' als reines Terminal-Transportmittel interpretiert werden.

Die Grundidee aller Portalkran-Mischsysteme liegt darin begründet, die hohen Flächenausnutzungsgrade der Portalkrane zu nutzen und gleichzeitig das Problem der Taktabstimmung mit der wasserseitigen Containerbrücke durch den Einsatz von Chassis und/oder Van-Carrier zu lösen. Sollen diese Zwischentransportmittel als Alternativen interpretiert werden, dann dürfte in Abhängigkeit von der Entfernung zwischen Wasserseite und Lagerbereich das Chassis bei längeren Strecken gewählt werden, und der Van-Carrier vorwiegend für kurze Strecken Verwendung finden [KRAUSE, Containerumschlag, 256].

Es sollte im Einzelfall aber geprüft werden, inwieweit die Entfernung als alleiniges Kriterium sinnvoll ist. Geht man beispielsweise von der hier zu erbringenden reinen Transportfunktion aus, berücksichtigt darüberhinaus Anschaffungskosten und Störanfälligkeit, dann erscheint das Chassis auch auf kürzeren Strecken günstiger als der Van-Carrier. Andererseits kann sich die Flexibilität des Van-Carriers, der auch Umschlagfunktionen erfüllt, bei Störungen oder Ausfall im Hauptsystem 'Portalkran' als außerordentlich nützlich erweisen, im Extremfall sogar die Aufrechterhaltung des Betriebes gewährleisten [SEIDELMANN, Containerverkehr, 62].

Diese Überlegungen sprechen prinzipiell für ein 'Portalkran - Van-Carrier - Chassis'-System, wobei das Verhältnis der Chassis zu den Van-Carriern betriebsabhängig gewählt werden muß. Obwohl grundsätzlich davon unabhängig, ist in diesen Gedankengang auch die verbleibende Variante 'Van-Carrier - Chassis' einbeziehbar.

Dieses Verfahren kann im wesentlichen als Entsprechung zum reinen Van-Carrier-System interpretiert werden, wobei dieser lediglich vom Transport über lange Strecken entlastet wird. Der Lagerplatz wird von Van-Carriern bearbeitet - Einstauen der Container, Auslagern der Container, Umschlag von und auf Binnentransportmittel und Chassis - während die Chassis die Transporte zwischen Lagerfläche und Containerbrücke übernehmen [KRAUSE, Containerumschlag, 258]. Der Mangel des reinen Van-Carrier-Systems, gegebene Flächen nicht genügend auszunutzen, haftet aber auch dieser Variante an.

Denkbar wäre daher die eben erwähnte sinnvolle Kombination mit dem Portalkran. Die Abwicklung des Umschlages über den Portalkran-Bereich erfolgt unter Einsatz des Zwischentransportmittels 'Chassis'. Daneben wird ein, in der Größe terminalabhängiger Van-Carrier-Sektor im eben beschriebenen Sinne geschaffen, der zur Lagerung von Containern dient, die im Stapelbereich des Portalkranes nicht, nicht sinnvoll oder nur begrenzt eingelagert werden können.

Dies trifft in erster Linie auf Kühlcontainer und Container zu, die gefährliche Ladung enthalten. Kühlcontainer benö-

tigen für die Lagerung im Terminal spezielle Anschlüsse und
Aggregate zur Kühlung, die im Portalkranbereich nur begrenzt
an den jeweiligen Stirnseiten des Lagers vorgehalten werden
können. Bei Gefahrgut-Containern sollen die Türen frei zugänglich sein; das ist in Stapelbereichen nicht sinnvoll zu realisieren.

Die erforderlichen Zwischentransporte zu den Van-Carrier-Sektoren sollten ebenfalls über Chassis erfolgen. Mit diesem Mischsystem verfügt der Terminal aber über Van-Carrier als Eingreifreserve für mögliche Notfälle, die gleichzeitig auch im normalen Betriebsablauf sinnvoll einsetzbar sind.

Abschließend sind noch zwei neuere Entwicklungen darzustellen, die in das beschriebene Schema nicht reibungslos eingepaßt werden konnten. Eines dieser Systeme beschäftigt sich mit dem Zwischentransportmittel 'Chassis'. Es wurde dabei untersucht, inwieweit die im Roll-on/Roll-off-Verkehr üblicherweise eingesetzten Rolltrailer auch im Container-Handling verwendet werden können. Die dabei häufig benutzten Luf- und Piggyback-Trailer sind in der Lage, bis zu sechs Container aufzunehmen [JEHLE, Verkehr, 126 f.]. Da aber die Positionierung der Container auf den Rolltrailern erheblich zeitaufwendiger ist als auf herkömmlichen Wannenchassis, ferner breitere Fahrstraßen erforderlich wären, wurde diese Idee nicht in größerem Umfang realisiert.

Zum Einsatz gelangte dagegen das nach der gleichnamigen Reederei benannte Matson-System [HODD, Matsonisation, 81 ff.; JOHNSON, Handling, 24 ff.; MATSONISATION, Handling, 39 ff.; SMITH, Matson, 71 ff.]. Es handelt sich dabei um ein 'Portalkran - Portalkran'-Mischsystem, das heißt es werden verschiedene Arten von Portalkranen eingesetzt.

Die Taktabstimmung zur wasserseitigen Containerbrücke erfolgt über die sogenannte 'mouse trap', die bis zu fünf Container puffert und auch verfahren kann. In Importrichtung werden die Container durch die Containerbrücke aus dem Schiff gelöscht und auf der 'mouse-trap' abgestellt. Von dort übernimmt sie der größere schienengebundene 'yard gantry', ein Portalkran mit schnellaufender Katze, der die Container im Lagerbereich einstaut. Unterhalb des 'yard gantry' arbeiten nun wieder gummibereifte 'transtainer', die die Behälter bei Bedarf in einen zweiten 'yard gantry'-Bereich bringen, die Beladung der Binnentransportmittel und erforderliches Umstauen übernehmen. Im Rahmen eines Common-User-Terminals ist das System noch nicht erprobt.

Die Darstellung hat gezeigt, daß von den realisierten Container-Umschlagsystemen unter den gemachten Annahmen Portalkrane die bestmögliche Flächenausnutzung erbringen. Sowohl für das weiter oben ausgewählte Misch-, als auch für das Matson-System - sollte es sich für allgemein zugängliche Terminals als nützlich erweisen - gilt, daß die Umstauproblematik eine hohe Relevanz aufweist.

12 UMSCHLAGMODELLE

"Der Besuch in verschiedenen Terminals hat jedoch gezeigt, daß die Containerstellfläche in vielen Fällen zum dominierenden Engpaßfaktor wird" [KRAUSE, Containerumschlag, 269]. Diese Tatsache führt sinnvollerweise zu einem Mischsystem mit Portalkran und damit zu dem Problem des fehlenden wahlfreien Zugriffs.

Diese Frage des Zugriffs, wie auch das zugrundeliegende Flächenproblem, initiierte eine Reihe von Umschlagmodellen, die - geordnet nach der prinzipiellen Lösungsrichtung - in den folgenden Abschnitten dargestellt werden. Auch hier wird eine wertende Darstellung vorgenommen, wobei allerdings ein anderes Bewertungskriterium heranzuziehen ist. Da es sich um nicht verwirklichte Studien handelt, erschien es naheliegend aufzuzeigen, woran eine Realisierung grundsätzlich oder zur Zeit noch scheitert.

121 DIREKT-UMSCHLAG

Das Prinzip des Direkt-Umschlages besteht in einem direkten Umsetzen der Container durch Containerbrücken zwischen den Seeschiffen und den Binnenverkehrsmitteln, die nach dem Laden oder Löschen den Terminal sofort wieder verlassen. Der direkte Umschlag ist also stets monotyp [WYREMBA, Container-Umschlagsysteme, 23 f., 48 ff.]. Das geschilderte Flächenproblem wird bei diesen Modellen dadurch 'gelöst', daß es hier gar nicht entstehen kann, da die Zwischenlagerung entfällt, dadurch auch die Notwendigkeit mehrlagiger Stapelung, und folglich das Problem des wahlfreien Zugriffs.

Beim reinen Chassis-System, bei dem ebenfalls nur ein Umschlagvorgang erforderlich ist, und das aus diesem Grund manchmal dem Direkt-Umschlag zugerechnet wird, ist eine Zwischenlagerung der Chassis auf Terminalgelände vorgesehen. Die Einordnung in diesen Abschnitt wäre daher falsch.

Der Container-Direkt-Umschlag wurde bislang in drei Studien - Salzgitter, Kaiser und Vickers - beschrieben. Als grundlegendes Modell kann das Salzgitter-System [ALSEN, Salzgitter-System, 17 ff.; ALSEN, Transportkette, 1 ff.] angesehen werden.

Wesentliche Elemente sind hier der sogenannte Vorhafen und die Großterminals. Der Vorhafen entspricht einem, für den Umschlag großer Containermengen ausgelegten Seehafenterminal mit veranschlagtem Durchsatz von über 3000 Containern je Tag. Allerdings übernimmt dieser Vorhafen nur noch die reine Umschlagfunktion, wohingegen die üblichen Hafenaufgaben weiter ins Binnenland verlagert und dort von den Großterminals ausgeführt werden, denen damit die Sammel- und Verteilfunktion zukommt. "Diese Großterminals, die nicht mehr Bahnhöfe im herkömmlichen Sinne sind, sondern in das Binnenland hineinverlegte Häfen, müssen so ausgestattet sein, daß sie ihre Hafenfunktion in vollem Umfang erfüllen können" [KNOLL, Containertransport, 131].

Für die Bundesrepublik Deutschland wird konkret vorgeschlagen, an der Nordseeküste einen neuen Vorhafen zu bauen, sowie Großterminals in Hamburg, Bremen, Braunschweig, Düsseldorf, Frankfurt und München zu errichten [ALSEN, Transportkette, 6 f.]. Der Transport zwischen Vorhafen und Großterminals erfolgt dabei ausschließlich über Containerganzzüge. Die weitere Verteilung im Binnenland - ausgehend vom Großterminal zum

Empfänger - ist vom Verkehrsträger her nicht fixiert. Sie wird im Regelfall aber auf Bahn und Lastkraftwagen beschränkt bleiben.

"Das Gesamtsystem soll so aufgebaut und organisiert sein, daß die im Vorhafen einlaufenden Containerzüge ohne lange Wartezeiten durch die Container-Schiffsverladebrücken (Container-Kran) entladen und - wiederum ohne lange Wartezeiten - beladen werden können. Danach verlassen sie den Vorhafen - bereits nach Richtungen zusammengestellt - sofort wieder" [TROTHA, Direkt-Umschlag, 33].

Das Kaiser-Speed-Tainer-System [KAISER, Speed-Tainer, 444] beinhaltet lediglich die Möglichkeit eines Direkt-Umschlages. "Es ist an sich kein Direkt-Umschlag zwischen Eisenbahn und Schiff vorgehesen, doch wäre es immerhin denkbar, die Rollpaletten durch Einsenbahnwaggons zu ersetzen, die - aus dem Binnenland ankommend - direkt in das erwähnte Gleisnetz geschickt werden" [TROTHA, Direkt-Umschlag, 31].

Da diese Aussage sinngemäß auch für das Modell Vickers-Lautovick [VICKERS, Lautovick, 445 f.] zutreffend ist, kann an dieser Stelle auf eine weitere Beschreibung verzichtet werden. Am weitesten entwickelt erscheint damit das Salzgitter-System, so daß sich die Erörterung der Frage der Realisierung auf diese Studie beschränken kann. Zunächst sind die Voraussetzungen der Einführung - Vorhafen, straffes Knotenpunktkonzept, nahezu ausschließliche Verwendung der Eisenbahn, keine Anforderungen aus Wünschen der Reedereien und große Containermengen - zu prüfen.

Gegenwärtig ist nur der letztgenannte Punkt zutreffend. Das Knotenpunktkonzept erscheint prinzipiell realisierbar, da es in den Verantwortungsbereich nur eines Verkehrsbetriebes - der Deutschen Bundesbahn - fallen würde. Dagegen ist der Bau eines Vorhafens unter dem Aspekt der in den letzten Jahren mit sehr hohen Investitionen errichteten Terminals in Bremen, Bremerhaven und Hamburg negativ zu beurteilen [DENTON, Containerisation 1980, 62 ff.].

Auch ergeben sich gravierende Probleme aus dem Verhältnis zu den Reedereien. "Es darf nur ein Pendelverkehr zwischen zwei Häfen bestehen, so daß beim Stauen der Container nicht die Reihenfolge der später anzulaufenden Häfen beachtet zu werden braucht. Es müssen ... möglichst gleichgroße Container (keine Kühlcontainer) verwendet werden. Unverfügbare Container dürfen hierbei nicht anfallen" [CONTAINERVERKEHR, Seehäfen, 868]. Auch ist der derzeitige Marktanteil der Bahn mit etwa 50 Prozent im Zu- und Ablauf zu den Seehäfen aus dem Blickwinkel des Salzgitter-Systems erheblich zu niedrig [SEIDELMANN, Containerverkehr, 23].

Die genannten, sowie eine Vielzahl daraus resultierender Gründe sind dafür ausschlaggebend, daß dieses - wie auch die anderen in diesem Rahmen zu sehenden Modelle - zur Zeit nicht realisiert ist und auch in näherer Zukunft nicht realisiert werden wird. "Der Direktumschlag von Containern in Seehafenterminals wird auf Ausnahmefälle beschränkt bleiben, will man nicht auf eine hohe Umschlagleistung verzichten oder einen wirtschaftlich nicht vertretbaren Aufwand an Land treiben" [CONTAINERVERKEHR, Seehäfen, 868].

122 TERMINALÜBERGREIFENDE SYSTEME

Charakteristikum der hier angesprochenen Modelle ist, daß organisatorische und/oder bauliche Schritte allein im Terminalbereich zur Realisierung nicht mehr ausreichend sind. Vielmehr werden hier terminalübergreifende Maßnahmen erforderlich, die auch auf andere Elemente der Transportkette des Containers gestaltend einwirken. Im folgenden sollen die drei bekanntesten Studien dargestellt und gewürdigt werden; dies sind die Systeme Meeusen, Rosander und Leidenborg.

Beim Modell Meeusen [CONTAINERSCHIFFE, Übermorgen, 1627 f.; DEJONG, Container-Fördersystem, 594 f.; DEJONG, Container-Handling, 633 f.; DEJONG, Terminals, 707 f.; MEEUSEN, System] werden die Containerschiffe über das Heck be- und entladen. Von den etwa fünf Decks sind zwei über Rampen mit dem Terminal verbunden. Damit wird nach einer Anlaufphase das gleichzeitige Laden und Löschen erreicht. Alle Decks sind mit horizontal verlaufenden, förderbandähnlichen 'Containoveyors' ausgestattet, zusätzlich werden die unteren mit den Ladedecks über Aufzüge verbunden.

Der Umschlag zwischen Terminal und Seeschiff, dem 'Meeusen Transocean Container Liner', erfolgt mit Hilfe der Förderbänder und unter Einsatz sogenannter 'High Speed Overhead Cranes', sehr schneller Portalkräne mit Katzfahrgeschwindigkeiten von 200 Metern je Minute. Der Transport vom Kai zum Containerlagerplatz wird wieder mittels der 'Container Conveyors' bewältigt, das Einstapeln übernehmen Stapelkräne, die netzartig die gesamte Fläche überspannen. Der gesamte Ablauf ist computergesteuert.

Das von Meeusen-Consultants entworfene System ist ausgelegt für Seeschiffe weit über 3000 TEU, das entspräche einer noch nicht existierenden 'Vierten Generation'. Weiter wird davon ausgegangen, daß sich die Hafenzahl je Rundreise auf nur einen Start- und Zielhafen stark reduziert, und entsprechend in diesen Häfen die gesamte Ladung geladen und gelöscht wird. Für diesen Vorgang werden 15 Stunden veranschlagt.

Von einer vergleichbaren Schiffskonstruktion geht auch das zweite Modell aus. Auch beim System Rosander [MEYER, Seehäfen, 384; MEYER, Seehafencontainerterminals, 107 f.; SPRING, Containerhäfen, 1173 f.], so benannt nach dem schwedischen Initiator, erfolgt ein horizontales Löschen und Laden. Die Schiffe sind aber ergänzend zur Heck- zusätzlich mit einer Bugklappe ausgestattet. Jedes Deck ist mit Förderbändern ausgerüstet, auf denen die Container stehen.

Der Umschlag im Seehafen gestaltet sich folgendermaßen. Das Schiff legt in einer Nische in der Kaimauer an, die seiner Länge entspricht. Damit werden nicht nur wasserbauliche Maßnahmen, die in dieser Form zur Zeit noch ungewöhnlich sind, erforderlich, es müssen auch alle Schiffe, die diesen Terminal anlaufen, gleiche Abmessungen aufweisen, mindestens aber in Länge und Deckstruktur genormt sein.

Vor den Schiffsenden befinden sich jetzt auf dem Kai Hallen, deren Stockwerke höhenmäßig den Schiffsdecks entsprechen und ebenfalls mit Förderbändern ausgerüstet sind. Nach dem Anlegen werden zusammengehörige Stockwerke und Decks über Rampen gekoppelt, und die Förderbänder verbunden. Im Anschluß daran wird die gesamte Schiffsladung in die jeweils leere Halle gefördert, während gleichzeitig eine neue Ladung aus der zweiten Halle in das Schiff hineingeschoben wird. Ist dieser Vorgang beendet, kann in der jetzt leeren Halle sofort mit dem Vorstau für das nächste Seeschiff begonnen werden, umgekeht wird die gefüllte Halle über Förderbänder auf einen nicht näher beschriebenen Lagerplatz entleert.

Das dritte, von dem schwedischen Architekten Leidenborg entwickelte gleichnamige Modell [CONTAINERVERKEHR, Seehäfen, 870 f.; MEYER, Modelle, 699; SPRING, Containerhäfen, 1174] versucht insbesondere den wasserseitigen Platzaufwand für ein Terminal gering zu halten. Wesentliches Kennzeichen dieses Systems ist eine pentagonförmige Insel, die zum Ausgleich großer Tidenhübe auch als schwimmender Ponton konstruiert werden kann.

Hier können fünf konventionelle Lift-on/Lift-off-Containerschiffe gleichzeitig geladen und gelöscht werden. Der Umschlag erfolgt mit Containerbrücken, "... die eine Kombination zwischen herkömmlichen Containerkränen und kontinuierlichen Fördergeräten darstellen ... Die Umschlagsleistung soll 1500 Container je Schiff in 24 Stunden betragen. Man rechnet bei weitgehender Automatisierung des Pentagons mit 10500 Containerbewegungen je Tag" [STRIECK, Seehäfen, 220].

Von den fünf Liegeplätzen führen Förderbänder zu dem in der Pentagonmitte errichteten Zentralturm, wo der gesamte Containerstrom von den Kaiseiten auf ein Band konzentriert oder – in umgekehrter Richtung – auf die Kaibänder verteilt wird. Das zentrale Förderband ist landseitig an ein Hochregallager angeschlossen.

Ausgangspunkt aller Modelle ist es entsprechend der Zielsetzung des Container-Transportsystems, die Schnelligkeit des Transports und Umschlags zu steigern, in diesem Sinne die Erhöhung der Umschlagmengen zu ermöglichen und dabei große Schiffe mit kurzen Hafenliegezeiten effektiv einzusetzen. Die Realisierung dieser Idee muß aber in allen drei Fällen sehr skeptisch beurteilt werden. Für alle Studien lassen sich gravierende Probleme nachweisen.

Hier kann beispielsweise der Umschlag ganzer Schiffsladungen bei Meeusen und Rosander, oder ein Totalausfall bei Störungen im Zentralturm Leidenborgs genannt werden. Entscheidend für eine Ablehnung ist aber das folgende Argument. "In vorhandene Hafenanlagen einfügen läßt sich das Modell ... 'Meeusen', 'Rosander' und 'Leidenborg' nicht. Die Frage, was mit den gegenwärtig in den Seehäfen und von den Reedereien bereits getätigten, bisher nur geringfügig abgeschriebenen Investitionen geschehen soll, lassen alle diese System offen" [MEYER, Seehafencontainerterminals, 111].

Aus diesem Grund ist mit der Verwirklichung eines der beschriebenen Systeme in den nächsten zehn Jahren nicht zu rechnen. Auch dann bleibt dies sehr fraglich, da eine solche Realisierung "... einen relativ radikalen Wandel der technisch-organisatorischen Abwicklung des Containerhandlings in den Seehäfen ... (verlangen würde), so daß eine schrittweise Evolution der vorhandenen Umschlagtechnologien - eine Modifizierung in verschiedenen Ausbaustufen unter Beachtung technisch-wirtschaftlicher Gesichtspunkte - hier ... nicht denkbar ist" [MEYER, Seehafencontainerterminals, 111]. Darüber hinaus wird das Flächen- und Zugriffsproblem nicht eindeutig gelöst.

123 HOCHREGALLAGER

Die in diesem Abschnitt zu beschreibenden Modelle stellen die direktesten Problemlösungsversuche dar. Hier wird das Flächenproblem und damit auch die Notwendigkeit mehrlagiger Stapelung erkannt. Gleichzeitig wird der Nachteil dieser auch dem Portalkran zugrundeliegenden Idee - die Einschränkung der unmittelbaren Verfügungsbereitschaft jedes eingelagerten Containers - durch Realisierung des wahlfreien Zugriffs in einem Container-Hochregallager beseitigt.

In den letzten fünf Jahren sind zehn solcher Konzeptionen bekannt geworden; dies sind die Systeme von Hollandia/Schmidt/Landers, Fördertechnik Hamburg Harry Lässig, Babcock (zwei Varianten), Demag Systemtechnik, Apiarium, Basis, CBL, Silocont und Intersystems. Dabei soll nicht verschwiegen werden, daß die grundsätzliche Idee eines Container-Hochregallagers bereits über zehn Jahre alt und noch nicht realisiert ist.

Hier sind die Modelle der Japanischen Staatsbahnen [HASHIMOTO, Containerverkehr, 35 f.; KNEPPER, Hochlagersysteme, 38], die Anderston Clyde/G. E. C. container stores [ANDERSTON, Stores, 445], Teilbereiche der bereits erwähnten Systeme von Kaiser und Vickers [KAISER, Speed-Tainer, 444; NOWAK, Automatisierung, 892 f.; VICKERS, Lautovick, 445 f.; VICKERS, Port, 55 ff.], sowie die Krupp Container-Schnellumschlaganlagen in Seehäfen [CONTAINER, Schnellumschlaganlagen, 159 f.] und die Speed-Park facility [SPEED, Facility, 446 f.] der Speed-Park Incorporated zu nennen. In bezug auf diese Studien sei - wegen der erwähnten neueren Entwicklungen - auf die angegebene Literatur verwiesen.

Das von Hollandia/Schmidt/Landers [HIGH-BAY, Container, 44; HIGH-BAY, Warehouse, 37; LANGE, Container, 16; LANGE, Hochregal-Lager, 20 f.] vorgestellte Modell ist mit 19890 Quadratmetern (221 Meter mal 90 Meter) Grundfläche für eine Lagerung von 3300 Containern 40-Fuß ausgelegt. Damit soll eine Umschlagleistung von 100000 Containern je Jahr ermöglicht werden, wobei ein Kostensatz von 15000 DM je Containerstellplatz angegeben wird. Die Gesamtkosten des Hochregallagers belaufen sich damit auf rund 50 Millionen DM. Diese Summe beinhaltet nicht die Kosten für Geräte des Zu- und Abtransports, Containerbrücken und Ausbau der Kaianlagen.

Abgesehen von der relativ geringen Auslegung der Umschlagleistung im Grundmodell erweist sich diese Lösung damit als zu kostspielig. Als Beispiel möge der von der Umschlagleistung her vergleichbare Eurokai-Terminal, Hamburg dienen. Für das Vergleichsjahr 1977 wurde hier ein Gesamtinvestitionsvolumen von 60 Millionen DM angegeben, worin Kaianlage, vier Containerbrücken, vier Stückgutkräne, drei Stapelkräne, acht Van-Carrier, 55 Gabelstapler, zwölf Zugmaschinen und 18 Chassis bei etwa 6000 Stellplätzen TEU enthalten sind [DENTON, Containerisation 1978, 52]. Für die gleiche Umschlagleistung wurden somit sogar 600 Plätze TEU weniger benötigt.

Bei der Konzeption der Fördertechnik Hamburg Harry Lässig

[AUTOMATISIERTER, Terminal, 273 f.; EIN, Großverlader, 36 f.; KNEPPER, Hochlagersysteme, 40] handelt es sich nicht um ein Container-Hochregallager im eigentlichen Sinne, sondern um die Kombination eines kleinen Abstell-Speichers mit Container-Belade- und Umschlageinrichtung. Die Anlage ist entsprechend nicht für Seehafen-Terminals, sondern für Großverlader, Industrie und Spediteure konzipiert worden und von der Dimensionierung her gänzlich ungeeignet.

Babcock entwickelte zwei Modelle. Die erstveröffentlichte Variante [FLEXIBLES, Turmlager, 16; HIGH-BAY, Container, 44 f.; HAUSSMANN, Terminals, 493] stellt eine Entwicklung dar, die völlig vom üblichen Hochregallagerbau abweicht. So werden beispielsweise keine Regalförderzeuge eingesetzt. Auch ist die zylinderförmige Turmbauweise mit Drehscheibenbedienung ungewöhnlich. Die Ein- und Auslagerung erfolgt über die in der Turmmitte angeordnete Drehscheibe. Ein Einlagerungsvorgang beispielsweise läuft folgendermaßen ab.

Der auf der Drehscheibe installierte Verschiebewagen nimmt über Spreader oder ähnliches bei abgesenkter Scheibe einen Container auf. Die Drehscheibe hebt den Verschiebewagen mit Container auf die Einlagerebene und dreht ihn vor den ausgewählten Regalplatz. Ist diese Position erreicht, fährt der Verschiebewagen in das Regal ein, setzt den Container ab und kehrt auf die Drehscheibe zurück, die zur Aufnahme des nächsten Containers abgesenkt wird.

Je Ebene können 18 Container 40-Fuß eingelagert werden, womit je nach Bauart ein Turm über eine Stellplatzkapazität von 100 bis 200 Containern verfügt. Die Nachteile des Systems machen seinen Einsatz aber fraglich. So werden schlechte Flächen- und Raumausnutzungsgrade aufgrund der Diskrepanz zwischen runder Lagerfläche und rechteckigem Lagergut erzielt. Weiter ist die Festlegung jedes Turms auf eine bestimmte Containergröße ungünstig. Die Auslegung der Stellplätze auf 40-Fuß-Container kann den Verlust des wahlfreien Zugriffs - zwei 20-Fuß-Behälter hintereinander - oder noch schlechtere Raumausnutzung aufgrund der Einlagerung nur einer 20-Fuß-Einheit in einem 40-Fuß-Stellplatz bedeuten. Darüber hinaus ist auch

der einzelne Einlagerungsvorgang zu zeitintensiv, und damit
das Modell für hohen Durchsatz ungeeignet.

Die zweite Vairante [BABCOCK, Turmlager] umgeht einige
der genannten Nachteile; sie wurde als konventionelles recht-
eckiges Hochregallager mit Regalförderzeug konzipiert. Die angegebenen Einzelspielzeiten von über drei Minuten für das Ein-
und Auslagern sind aber nach wie vor zu ungünstig.

Die ausführlichste Studie über Container-Hochregallager
wurde von der Demag, Demag Systemtechnik, Ingenieurbereich
Mannheim in Zusammenarbeit mit der Hamburger Hafen- und Lagerhaus Aktiengesellschaft erstellt [AUTOMATISIERUNG, Container-
Umschlag, 888; HAACKE, Containerumschlag, 706; KRAUSE, System,
51 ff.; MANNESMANN, Hochregallager; MAYER, Automatisierung,
2 ff.].

Die Lagerhalle ist ausgelegt für eine Fläche von 10500
Quadratmetern (300 Meter mal 35 Meter) und kann hier etwa 3000
Container 40-Fuß in zwölf Lagen bei einr Höhe von 44 Metern
aufnehmen. Ein von Demag angestellter Wirtschaftlichkeitsvergleich berücksichtigt Investitions-, Miet-, Energie- und Personalkosten, kalkulatorische Verzinsung, Abschreibung, sowie
Instandhaltung und Ersatzteile. Verglichen wurden folgende
drei Varianten. Container-Transport durch Van-Carrier bei ein-
lagiger Flächenlagerung, Container-Transport durch Stetigför-
derer, Lagerung im Hochregallager und Container-Transport mittels Chassis und Zugmaschinen, Lagerung ebenfalls im Hochregal.
Die Ergebnisse zeigt Tabelle 3 [MAYER, Automatisierung, 12].

Damit wird deutlich, daß nur die Chassis-Variante von der
Kostenseite her gesehen untersuchenswert ist. Akzeptiert man
die gegebenen Werte, so weist das Chassis-Hochregallager ge -
genüber dem Van-Carrier einen Vorteil auf. Geht man allerdings
davon aus, daß es nicht realistisch und wirtschaftlich auch
unsinnig ist, Van-Carrier-Flächen nur einlagig zu nutzen, daß
vielmehr eine zumindest partielle zweilagige Stapelung angenommen werden muß [KRAUSE, Containerumschlag, 255], dann
dürfte sich der ausgewiesene Vorteil ins Gegenteil verkehren,
null oder marginal werden. Damit erscheint auch dieses Modell
als in naher Zukunft nicht realisierbar. Auf die Frage, ob

Position	Van-Carrier-System in Prozent	Hochregallager und Stetigförderer in Prozent	Hochregallager und Chassis in Prozent
Investition	100	316	158
Kapitaldienst	100	243	109
Personal	100	68	78
Energie, Wartung, Flächenmiete	100	53	33
Ergebnis	100	143	77

Tabelle 3: Kostenvergleich des Van-Carrier- mit verschiedenen Hochregallager-Systemen.

durch den Vergleich mit einem offenbar reinen Van-Carrier-System nicht künstlich ein schlechtes Vergleichsobjekt ausgesucht wurde, soll deshalb hier auch nicht mehr eingegangen werden.

Apiarium wurde von Auto-Lux in Mailand entwickelt [AUTO-LUX, Apiarium Blatt 1041, 1079, 1082, 1085, 1087]. Hervorstechendes Merkmal ist hier eine Anordnung umlaufender Kettenlinien, die die auf Plattformen abgestellten Container nach einem modifizierten 'Paternoster'-Prinzip bewegen. Das Modell wird für Häfen und Bahnterminals, in Freiflächen-Variante, als Schiffsförderer, Förderer in Container-Kühlhäusern und als Hochraumlager-Variante angeboten.

"Personaleinsparungen und rasche Arbeitsausführungen ermöglichen große Wirtschaftlichkeit, die die Anschaffungskosten des automatischen Förderers innerhalb kürzester Zeit amortisiert" [AUTO-LUX, Apiarium, Blatt 1041]. Da keine weiteren Kosteninformationen angegeben werden, ist eine exakte Analyse dieses Systems nicht möglich. Es läßt sich aber feststellen, daß beispielsweise bei Auslieferung eines Containers eine gesamte Kette, also über 100 Stellplätze für die Zeit des Auslieferungsvorganges blockiert ist. Unter Berücksichtigung eines ungünstigen Standortes und der zu bewegenden Gewichte - zum Beispiel 100 mal 30 Tonnen, zuzüglich Masse des Förderers - kann von einem zeitaufwendigen Verfahren gesprochen werden. Für Terminals mit hohem Durchsatz erscheint dieses Verfahren daher als ungeeignet.

Das von Basis in Boroughbridge, Großbritannien entworfene Hochregallager [BASIS, Storage; HIGH-BAY, Container, 44 f.] wurde in Analogie zu einem vom gleichen Unternehmen gebauten Park-Hochhaus entwickelt. Das Lager wurde für 1002 Container TEU vorgesehen, die in zwölf Reihen á zwölf Stellplätze, bei je sieben Lagen - sechs Plätze sind für Konrolleinheiten reserviert - eingestaut werden können.

Der technische Aufwand bei diesem System ist erheblich. Für 1002 Stellplätze müssen sechs Brückenkrane, 72 Lifte und 1002 Plattformwagen vorgehalten werden. Eine Realisation ist nicht wahrscheinlich, da aufgrund der technischen Ausstattung das Modell unter Wirtschaftlichkeitsaspekten gegenwärtig nicht wettbewerbsfähig sein kann.

Als am aussichtsreichsten hinsichtlich der Realisierung galt bis vor kurzem das vom Bundesminister für Forschung und Technologie geförderte CBL, Container-Bereitstellungs- und Lagersystem, das von der Bremer Lagerhaus-Gesellschaft in Zusammenarbeit mit Kocks und Babcock geplant wurde [AUTOMATISCHES, Lagersystem, 56 f.; BEREITSTELLUNGS-, Container, 110; HIGH-BAY, Storage, 71].

Das Hochregallager - für 600 bis 1300 Plätze TEU gedacht - besteht aus zwei Reihen mit je zehn Etagen, die Reihen je nach Platzzahl unterschiedlich lang. Zwischen den Reihen läuft ein Brückenkran, der die Ein- und Auslagerungen vornimmt. Die stündliche Leistung wird mit 25 bis 30 Bewegungen angegeben. Der geplante Prototyp wird aus wirtschaftlichen Gründen aber nicht gebaut.

Nach dem gleichen Prinzip arbeitet das Mitte 1980 veröffentlichte Modell 'Silocont' [FOLAND, Container, 19/3; PIZZI, Silocont, 47; SILOCONT, Container]. Es wird in der Grundform für 400 20-Fuß- oder 40-Fuß-Container angeboten, in zwei Blöcken mit 20 Reihen zu je 11 Lagen. Der Fehlbetrag an Stellplätzen wird für die Übergabebereiche an Binnen- oder Terminaltransportmittel benötigt. 28 Bewegungen je Stunde sollen möglich sein.

Die veröffentlichte Wirtschaftlichkeitsanalyse erscheint allerdings wenig realistisch. So wird beispielsweise der Anschaffungspreis mit nur vier Millionen US-Dollar beziffert. Selbst wenn dieser erstaunlich geringe Betrag als gegeben akzeptiert wird, ist der Ansatz von 9.71 US-Dollar je Bewegung offensichtlich zu niedrig, da mit zu geringer Verweildauer der Container und entsprechend mit einer zu hohen Bewegungszahl je Jahr gerechnet wurde. Eine Verwirklichung von Silocont in absehbarer Zeit ist daher nicht zu erwarten.

Als neueste Entwicklung wurde Intersystems von der Integrated Distribution Systems, Genua, Italien vorgestellt [FABIANO, Silo, 99 ff.]. Es handelt sich dabei um ein Silo-System, das in 20 Stockwerken je sechzehn 40-Fuß-Zellen besitzt, insgesamt 640 Stellplätze TEU. Die Ein- und Auslagervorgänge entsprechen denen der ersten Variante von Babcock, die weiter oben beschrieben wurde. Die dort genannten Nachteile gelten analog.

Die für Intersystems angegebene Zeit von nur drei Minuten für einen Ein- oder Auslagervorgang erscheint als erheblich zu niedrig angesetzt, wenn man sie mit den Werten von Babcock vergleicht und bedenkt, daß bei Intersystems Höhenunterschiede bis zu 105 Meter überwunden werden müssen. Der Bau eines Prototypes ist somit nicht zu erwarten.

2. Kapitel

ORGANISATORISCH-TECHNISCHE BEDINGUNGEN DES
           CONTAINERUMSCHLAGES

21 CONTAINER

Die in diesem Kapitel zu untersuchenden organisatorisch-technischen Bedingungen, die im Hinblick auf die Zielsetzung der Arbeit als Nebenbedingungen interpretiert werden können, sind darstellbar als Einflüsse vier verschiedener Parameter, die in einem Verhältnis gegenseitiger Beeinflussung stehen.

Die Reihenfolge ihrer Behandlung ist daher so zu wählen, daß im Ablauf jeder Parameter lediglich auf folgende, nicht aber auf vorhergehend beschriebene Faktoren einwirkt. Unter diesem Aspekt ist an erster Stelle die Bedeutung des Containers als Ladungsträger zu erarbeiten.

Der Container beeinflußt Betriebsmittel und Ablauforganisation im Terminal und im Lagerplatzbereich, an ihm orientieren sich die Transportmittel. So sind beispielsweise die Zellenführungen der Vollcontainerschiffe entsprechend den Containerabmessungen ausgelegt, nicht umgekehrt. Auch für Terminal und Lagerplatzbereich sind die Eigenschaften des Ladungsträgers als Datum anzusehen.

Diese Eigenschaften müssen im Hinblick auf die Umstauproblematik bewertet werden. Dazu ist es im ersten Schritt erforderlich, sie aufzuschlüsseln, das heißt eine Merkmalsanalyse durchzuführen, die die möglichen Eigenschaften in nicht relevante und in relevante trennt. Im Anschluß daran können aus den letztgenannten Größen Eigenschaftskombinationen gebildet werden, die auf ihre empirische Bedeutung hin zu überprüfen sind, mit dem Ergebnis der Aufspaltung in zu vernachlässigende und nicht zu vernachlässigende Containertypen. Abschließend müssen die verbleibenden Arten dann hinsichtlich ihrer Einwirkung auf die Frage der Umstauer beurteilt werden.

211 MERKMALSANALYSE

Aus weiter oben genannten Gründen werden nur Überseecontainer betrachtet. Die dazu zählenden Typen können anhand der Merkmale 'Länge', 'Breite', 'Höhe', 'Material', 'Typ', 'Warenart' und 'Flußrichtung' umfassend beschrieben werden.

"Die größte Gruppe der Überseecontainer ... stellen heute die nach ISO (International Standardisation Organization) genormten Container der Reihe 1 dar. Daneben existieren nichtgenormte, Non-ISO-Container ..." [JEHLE, Verkehr, 78]. Die bekanntesten Non-ISO-Container sind die von den Reedereien Sea-Land, Johnson und Matson eingeführten Behälter. Die Abmessungen dieser, sowie der ISO-Container der Reihe 1 können Tabelle 4 [JEHLE, Verkehr, 73, 79, 81] entnommen werden. Die Container-Eigenschaft 'Länge' wird dort erschöpfend dargestellt.

Die Container-Breite wird bestimmt durch "... die in den Vereinigten Staaten, in Großbritannien und einigen anderen Ländern maximal erlaubte Fahrzeugbreite von acht Fuß" [JEHLE, Verkehr, 80]. Daneben ist es bei manchen Containern aufgrund ihrer Bauart (zum Beispiel Flats) möglich, breitere Ladungsgüter zu transportieren. Hier spricht man von Überbreiten.

Neben den in Tabelle 4 gezeigten 8'- und 8'6''-Containern sind höhenmäßig noch 9'- und 9'6''-Behälter, auch als High-Cube-Container bezeichnet, zu berücksichtigen [SOMMER, Containerverkehr, 29]. Höhenabweichungen unter die 8'-Grenze stellen die Half-Height-Container - halbhoch - und die Platforms dar, bei denen es sich um stark ausgelegte Böden handelt [JEHLE, Verkehr, 83]. Entsprechend den Überbreiten existieren Überhöhen.

Unter dem Aspekt 'Material' lassen sich fünf Varianten nennen. So werden heute Container in Ganzstahl-, Stahl-Aluminium-, Edelstahl-, Kunststoff- und Stahl-Plywood-Bauweise gefertigt [CONTAINERISATION, Specials, 20 f.; GRAAF, Container, 115 ff.; ZIEHN, Container-Technik]. Die Kunststoff-Typen sind ohne Interesse, da sie nicht stapelbar sind und auf den Luftverkehr beschränkt bleiben.

Die größte Vielfalt weist das Merkmal 'Typ' auf. "Der Standardtyp (Standard Dry) ist ein rechteckiger, allseitig spritzwasserdicht verkleideter Kasten ... Der Zugang erfolgt über eine Stirnwandtür, die zollgerecht verschlossen werden kann" [JEHLE, Verkehr, 80]. Open-Top-Container verfügen über kein Dach, hier wird der Transport von überhohen Gütern mög-

Containertyp	Länge		Breite		Höhe	
	in Milli-metern	in Fuß/Inches	in Milli-metern	in Fuß/Inches	in Milli-metern	in Fuß/Inches
ISO 1 A	12192	40	2438	8	2438	8
ISO 1 AA	12192	40	2438	8	2591	8/6
Sea-Land	10660	35	2438	8	2591	8/6
ISO 1 B	9125	30	2438	8	2438	8
ISO 1 BB	9125	30	2438	8	2591	8/6
Johnson	8230	27	2438	8	2591	8/6
Matson	7315	24	2438	8	2591	8/6
ISO 1 C	6058	20	2438	8	2438	8
ISO 1 CC	6058	20	2438	8	2591	8/6
ISO 1 D	3000	10	2438	8	2438	8
ISO 1 E	2000	6/8	2438	8	2438	8
ISO 1 F	1500	5	2438	8	2438	8

Tabelle 4: Abmessungen der nach ISO genormten Überseecontainer der Reihe 1, sowie nicht genormter Überseecontainer der Reedereien Sea-Land, Johnson und Matson.

lich. Open-Hard-Top-Container besitzen ein abnehmbares Dach aus Stahlblech. "Anstelle fester Seitenwände haben Open-Side-Container Planen, wodurch für die Gesamtfläche eine direkte Zugriffsmöglichkeit besteht" [JEHLE, Verkehr, 80]. Flat/Platforms sind Containerböden oder Container nur mit Stirnwänden, die im Falle des Collapsible Flats klappbar sind. Bulk-Container, speziell für Schüttguttransporte konzipiert, sind mit Einfüllöffnungen auf dem Dach und Entladeklappen in Bodenhöhe an der Stirnwandtür ausgerüstet [JEHLE, Verkehr, 82 f.]. Tankcontainer werden für den Transport von Flüssigkeiten und verflüssigten Gasen unter Druck in verschiedenartigen Ausführungen gebaut [RAUSCH, Tankcontainer]. Der übliche Sammelbegriff 'Reefer' meint Thermalcontainer, in der Regel isolierte, gekühlte, aber auch gelegentlich beheizte Container. Sie unterscheiden sich nach Bauart, Kältespeicher, Kühl- oder Heizaggregat [KÖMPE, Kühlcontainer, 53 ff.; RAUSCH, Kühlcontainer]. "Für Güter mit hoher Eigenfeuchte sind belüftete Container, Ventilated Boxes geeignet, die über Luftkanäle und -klappen einen Luftaustausch mit der Außenwelt zulassen" [JEHLE, Verkehr, 82].

Die Konstruktion aller Typen "... muß den von der ISO festgelegten Beanspruchungen genügen, so müssen sie sechsfach stapelbar sein, mit Flurförderzeugen befahren werden können, und über die vorgeschriebenen acht Eckbeschläge (corner fittings) verfügen ..." [JEHLE, Verkehr, 80].

Da der Typ des Containers häufig schon über die Ladung Aufschluß gibt, zum Beispiel Kühlgut in Kühlcontainern, ist bezüglich des Charakteristikums 'Warenart' nur eine Trennung in Container mit gefährlicher Ladung und solche ohne Gefahrgut vorzunehmen. Je nach Gefahrgutklasse sind dabei spezielle Stau- und Trennungsvorschriften zu beachten [STOWAGE, IMDG-Code].

Die Flußrichtung als letztes Merkmal wird in der Praxis häufig auch als 'Status' des Containers bezeichnet. Hier sind die per Seeschiff ausgehenden Export- und die eingehenden Import-Container zu nennen. Beide Gruppen werden weiter unterteilt in FCL (Full-Container-Load)- und LCL (Less-than-Container-Load)-Behälter. FCL-Behälter werden im Terminal nur umgeschlagen und zwischengelagert. Im Gegensatz dazu stehen die LCL-Container, die im Terminal gepackt oder ausgepackt werden. Depot-Container sind Leercontainer, die häufig LCL-Status hatten und auch oft wieder dem LCL-Bereich zugeführt werden. Sie 'warten' im Terminal auf weitere Verwendung. Eine fünfte Gruppe bilden die M/R-Container (Maintenance and Repair), die beispielsweise aufgrund einer Beschädigung nicht mehr einsatzfähig sind und in den Reparaturbereich verbracht werden müssen.

Nicht alle der beschriebenen Merkmalsausprägungen weisen jetzt praktische Relevanz auf. Bei der Länge sind die Typen 1D, 1E und 1F für Seehäfen bedeutungslos. Gleiches gilt für Matson-, Sea-Land- und Johnson-Container, da diese Reedereien eigene Terminals betreiben, ihre Behälter daher in Common-User-Terminals nicht anzutreffen sind.

Das Merkmal 'Breite' kann insgesamt vernachlässigt werden, denn Überbreiten werden separat außerhalb des Platzbrückenbereichs gelagert, somit kann von der Einheitsbreite 8-Fuß ausgegangen werden. Für Überhöhen gilt das zu Überbreiten Gesagte analog. Da alle Container sechsfach stapelbar sein müssen, ist die Frage des Materials für die Analyse ohne Bedeutung.

Es wurde bereits erwähnt, daß Gefahrgut nicht im Stapelkranlager eingestaut wird. Die Warenart braucht daher ebenfalls nicht berücksichtigt werden. Wie auch die Warenart ist die Flußrichtung nicht als dauerhafte Eigenschaft eines Containers zu betrachten. Sie beeinflußt aber wesentlich das Handling im Terminal und soll aus diesen Gründen gesondert im folgenden Abschnitt betrachtet werden. Tabelle 5 zeigt abschließend die verbleibenden relevanten Container-Merkmale mit den zugehörigen Ausprägungsformen.

212 ERSCHEINUNGSFORMEN UND IHRE BEDEUTUNG

Kombiniert man die in Tabelle 5 genannten Merkmale, so ergeben sich im Hinblick auf die Zahl ihrer Ausprägungen 240 theoretisch mögliche Containertypen. Viele dieser Varianten scheiden bereits dadurch aus der Betrachtung aus, daß sie tech-

Merkmal	Ausprägung	Kurzbezeichnung
Länge	10-Fuß	10
	20-Fuß	20
	30-Fuß	30
	40-Fuß	40
Höhe	Platform	PF
	Halbhoch	HH
	8-Fuß	8
	8-Fuß-6-Inches	8/6
	9-Fuß	9
	9-Fuß-6-Inches	9/6
Typ	Standard Dry	STDR
	Open-Top	OT
	Open-Hard-Top	OHT
	Open-Side	OS
	Flat/Platform	FLP
	Collapsible Flat	CFL
	Bulk	BU
	Tank	TA
	Reefer	RF
	Ventilated Box	VB

Tabelle 5: Empirisch relevante Container-Merkmale mit zugehörigen Ausprägungsformen.

Länge in Fuß	Höhe in Fuß/Inches	Typ	Anzahl	Relativer Anteil	Länge in Fuß	Höhe in Fuß/Inches	Typ	Anzahl	Relativer Anteil
10	8	STDR	3	0.008	20	8/6	BU	2032	5.567
10	8	OT	1	0.003	20	8/6	TA	3	0.008
20	PF	FLP	64	0.175	20	8/6	RF	285	0.781
20	HH	OT	21	0.058	20	8/6	VB	5	0.014
20	HH	CFL	1	0.003	30	PF	FLP	25	0.068
20	HH	TA	17	0.047	30	8	STDR	197	0.540
20	8	STDR	8430	23.096	30	8	OS	1	0.003
20	8	OT	413	1.132	30	8/6	STDR	3	0.008
20	8	OS	6	0.016	40	PF	FLP	33	0.090
20	8	FLP	62	0.170	40	HH	OT	34	0.093
20	8	CFL	62	0.170	40	8	STDR	7	0.019
20	8	TA	32	0.088	40	8	TA	1	0.003
20	8	RF	6	0.016	40	8/6	STDR	7826	21.441
20	8	VB	142	0.389	40	8/6	OT	719	1.970
20	8/6	STDR	13640	37.370	40	8/6	CFL	139	0.381
20	8/6	OT	527	1.443	40	8/6	RF	789	2.162
20	8/6	OHT	164	0.449	40	8/6	VB	20	0.054
20	8/6	OS	167	0.458	40	9/6	STDR	127	0.348
20	8/6	FLP	317	0.868	40	9/6	CFL	1	0.003
20	8/6	CFL	178	0.488	Summe	–	–	36500	100.000

Tabelle 6: Empirisch relevante Containertypen, aufgeteilt nach Anzahl und relativem Anteil, bei einer Grundgesamtheit von 36500 Stück, Erhebungszeitraum Dezember 1977 bis Juli 1978.

nisch nicht realisierbar sind - wie beispielsweise der 10-Fuß-Platform-Reefer-Container. Um entscheiden zu können, welchen Einfluß der Container auf die Umstauproblematik nimmt, ist die empirische Bedeutung zulässiger Typen zu ermitteln. Hier konnte auf das Datenmaterial des Untersuchungsterminals zurückgegriffen werden.

Die Erhebungen wurden im August 1978 durchgeführt, seitens des Terminals standen Daten aus dem Zeitraum Dezember 1977 bis Juli 1978 zur Verfügung. Zur Analyse der überlassenen Stammdatensätze für 36500 Container wurde das Programm CANALYST entwickelt, in Algol 60 programmiert [COMPUTER, Algol-60-Sprachbeschreibung] und auf der Telefunken-Anlage TC-TR 440 des Großrechenzentrums für die Wissenschaft in Berlin gerechnet. Die Ergebnisse für die in diesem Abschnitt relevanten Fragen wurden in den Unterprogrammen LHT-ANALYSE (LHT für Länge-Höhe-Typ), STATUS und TRANSPORTMODUS ermittelt. Sie sind teilweise in Tabelle 6 (LHT-ANALYSE) aufgezeigt.

Betrachtet man diese Werte im Hinblick auf die Umstaufrage, dann ist zu zeigen, ob durch den Container unterschiedliche Anforderungen an den Lagerplatzbereich gestellt werden, falls ja, welche. Für das Kriterium 'Höhe' ist festzustellen, daß bei gegebener Zahl der Stauebenen im Lager lediglich Platforms, Halbhohe und 9'6''-Container problematisch sind, weil bei diesen drei Formen die Zahl der Ebenen von der Zahl einstaubarer Container - beispielsweise sechs Halbhohe bei drei Ebenen - abweicht. Da die drei Gruppen aber mit lediglich 0.885 Prozent vertreten sind, können sie vernachlässigt werden.

Die verbleibenden Typen — 8'- und 8'6''-Container - weisen hinsichtlich ihrer Behandlung im Lagerplatzbereich keine Unterschiede auf. Diese Aussage gilt auch für das Charakteristikum 'Typ' in der Ausprägung Standard Dry, Open-Top, Openside, Open-Hard-Top, Flat, Bulk, Ventilated Box, Reefer und Tank. Tankcontainer werden realiter im Stapelkranbereich aber nur eingelagert, wenn sie keine Gefahrgüter enthalten, für Kühlcontainer (2.959 Prozent) wird gegenwärtig wegen der erforderlichen Anschlüsse ebenfalls ein gesondertes Areal vorgehalten. Kritisch im eben beschriebenen Sinne sind nur die Collapsible Flats. Aufgrund ihres geringen Anteils (1.039 Prozent) bleiben sie gleichfalls unberücksichtigt.

Damit ist die Containerlänge als letzte Determinante zu untersuchen. Klammert man 10'- und 30'-Container (0.562 Prozent) aus, verbleiben 20'- (71.068 Prozent) und 40'-Behälter (23.487 Prozent) in der Betrachtung. Nicht nur der nicht unwesentlich geringere Anteil des 40'-Behälters sprechen dafür, ihn aus den weiteren Überlegungen auszuklammern. Da man in praxi regelmäßig getrennte 20'- und 40'-Stellplätze vorhält - und nicht beispielsweise ein 40'- auf zwei 20'-Containern abgestellt wird - kann in dieser Analyse von der Annahme nur eines Längenmaßes, also sinnvollerweise von der TEU-Basis ausgegangen werden.

Die bisherige Darstellung hat ergeben, daß für die Untersuchung der Umstauproblematik die Container insofern als 'gleich' angesehen werden können, als keine typspezifischen Eigenheiten beachtet werden müssen.

Abschließend ist noch die Frage der Flußrichtung (Unterprogramme STATUS und TRANSPORTMODUS) zu erörtern. Es wurde bereits erwähnt, daß den M/R-Containern (9.104 Prozent) ein spezieller räumlicher Bereich außerhalb des Stapelkranlagers zugewiesen wird. Ihre Betrachtung erübrigt sich demzufolge. Depot-Container (28.463 Prozent) werden nach Reedereien sortiert, innerhalb der Reedereien nach verschiedenen Kriterien, wie Größe, Bauart und ähnlichem geordnet und so in ganzen Türmen eingestaut. Die Auslagerung erfolgt blockweise oder einzeln von oben nach unten.

Ein Umstauen entfällt deshalb ebenso wie im Export-Bereich (29.764 Prozent), wo die angelieferten Container nach Eigenschaften wie Zielhafen, Gewicht und Ladung sortiert in ganzen Türmen vorgestaut und blockweise ausgelagert werden.

Damit verbleiben die Import-Container mit 11924 Stück (32.669 Prozent) in der Betrachtung. Von dieser Gesamtheit sind die LCL-Behälter (31.994 Prozent) abzuziehen, die der Packstation angeliefert werden und den Lagerplatzbereich nicht berühren. Grundlage der folgenden Analyse sind daher die Import-FCL-Container, deren Anteil an der Importgesamtheit 8109 Stück, relativ 68.006 Prozent beträgt.

22 TRANSPORTMITTEL

Nach dem Ladungsträger 'Container' ist im nächsten Schritt der Einfluß der Transportmittel zu untersuchen. Durch Mengenanfall, Art und Häufigkeit ihres Auftretens - um drei Beispiele zu nennen - beeinflussen sie in hohem Maße die Organisation des Terminals und die Layoutplanung des Lagerplatzbereichs. Transportmittelspezifische Eigenheiten beim Ein- und Auslagern der Container wirken darüber hinaus auf die ablauforganisatorische Gestaltung des Lagers ein.

Auch die Einflußnahmen der Transportmittel sind für Terminal und Lagerplatzbereich als Datum anzusehen. Entsprechend der im vorigen Abschnitt aufgestellten Definition ist die Wirkung des Parameters 'Transportmittel' nur noch in den Grenzen zu untersuchen, die im Rahmen der Analyse des Containers aufgestellt wurden. Konkret beziehen sich die folgenden Ausführungen daher auf den innerbetrieblichen Transport, sowie auf die binnenländische Abholung und die seeseitige Anlieferung der Import-FCL-Container.

Es soll in dieser Abfolge der Einfluß der Transportmittel analysiert werden. So sind im ersten Schritt die für die terminalinterne Transportabwicklung zuständigen Terminaltransportmittel zu betrachten. Die Abholung der Import-FCL-Container erfolgt durch Binnen- und Feederschiffe, Bahn und Straßenfahrzeuge. Die Anlieferung bleibt auf Tiefseeschiffe beschränkt.

Die erforderlichen Datenanalysen wurden, soweit nicht anders angegeben, im Rahmen des weiter oben genannten Programmes CANALYST durchgeführt. Die transportmittelorientierten Auswertungen fanden in den Unterprogrammen TRANSPORTMODUS, IMPORT-ANALYSE 1 und IMPORT-ANALYSE 2 statt. Die beiden letztgenannten Teilprogramme dienten schiffs- (Teil 1) und abholerorientierten (Teil 2) Verweildauerberechnungen.

221 TERMINALTRANSPORTMITTEL

Als Terminaltransportmittel kommen grundsätzlich die Geräte in Frage, die im vorhergehenden Kapitel beschrieben wurden. Entsprechend den Ausführungen über gemischte Systeme kann aber eine Einschränkung auf Van-Carrier und Chassis-Züge vorgenommen werden. Aufgabe dieser Flurförderer ist der innerbetriebliche Transport der Container. Unter diesem Aspekt, der ebenfalls weiter oben kurz diskutiert wurde, werden im Regelfall Chassis-Züge, nur in Ausnahmesituationen Van-Carrier eingesetzt.

Die innerbetrieblich anfallenden Containerbewegungen sind vielfältiger Natur, können im Hinblick auf die ausschließliche Betrachtung der Import-FCL-Container aber stark eingeschränkt werden. Für diese Container wird während ihres Aufenthalts im Terminal maximal zweimal der Einsatz der Chassis-Züge erforderlich und zwar zur Überbrückung der Distanz zwischen wasserseitiger Containerbrücke und Portalkranbereich und umgekehrt. Dieser letzte Fall tritt auf, wenn Import-Container an Binnen- oder Feederschiffe ausgeliefert werden. Darauf wird im nächstem Abschnitt eingegangen.

Bei der ersten Variante stellt die Containerbrücke den aus dem Tiefseeschiff gelöschten Importcontainer auf dem Chassis ab, das ihn dann zu einer vorbestimmten Position am Containerlager bringt, wo er vom Portalkran abgenommen und eingestaut wird. Die Chassis werden dabei in der Reihenfolge ihrer Ankunft bedient. Das Fahrzeug fährt anschließend zurück zum Kai, um den nächsten Container aufzunehmen.

In Abhängigkeit von der Arbeitsgeschwindigkeit der Containerbrücken und Portalkrane, der Länge und Qualität der Strecke, die zwischen Wasserseite und Lager zurückzulegen ist, wird die Anzahl der einzusetzenden Chassis bestimmt. Während des Löschens eines Containerschiffes wird der eben beschriebene Zyklus 'Containerbrücke - Chassis - Portalkran' für die betreffenden Geräte nicht durch zeitliche Überlagerung mit anderen Operationen, wie beispielsweise Auslieferung an Straßenfahrzeuge, gestört. Ein Einfluß der Terminaltransportmittel auf die Umstauproblematik, der in einer Modellbetrachtung spezifisch berücksichtigt werden müßte, kann daher verneint werden.

222 BINNEN- UND FEEDERSCHIFFE

Die Abholung der Import-FCL-Container kann durch vier verschiedene Arten von Transportmitteln erfolgen. Binnen- und Feederschiffe weisen dabei die Besonderheit auf, daß für beide der Umschlagort die Kaimauer ist, an der auch die anliefernden Tiefseeschiffe abgefertigt werden. Dadurch wird ein Einsatz von Terminaltransportmitteln erforderlich.

"Der Binnenschiffstransport von Containern ist mit dem Aufkommen der alternativen Verkehrsträger nicht zu vergleichen, dennoch bestehen inzwischen regelmäßige Schiffsverbindungen ..." [JEHLE, Verkehr, 88]. In der Bundesrepublik Deutschland werden gegenwärtig zum größten Teil Motorschiffe, auch als Selbstfahrer bezeichnet und Schubverbände eingesetzt [BRAUER, Tätigkeitsbedingungen, 69].

"Für die Containerbeförderung sind die genormten Typschiffe der Bauarten 'Gustav Koenigs' und 'Joann Welker', sowie Schubleichter geeignet, die die Behälter in der Regel zweilagig befördern" [JEHLE, Verkehr, 91]. Die Abmessungen und Container-Tragfähigkeiten dieser Schiffe können Tabelle 7 [EUROKAI, Informationsmaterial; JEHLE, Verkehr, 92] entnommen werden.

SChwerpunkt des Binnenschifftransportes im Containerverkehr sind aber die Linien zum Mittel- und Oberrhein, die den Untersuchungshafen nicht berühren. Diese Aussage konnte durch die Datenanalyse bestätigt werden. Hier ergab sich - bezogen auf die Grundgesamtheit von 8109 Stück Import-FCL - bei der Containerabholung durch Binnenschiffe nur ein Anteil von 0.025 Prozent. Daher können Binnenschiffe in der weiteren Betrachtung vernachlässigt werden. Dies bedeutet nicht unbedingt eine terminal- oder hafenspezifische Einschränkung der Untersuchung. Werden von den Schiffen einzelne Container abgeholt, so ist dieser Vorgang der Auslieferung an Straßenfahrzeuge vergleichbar, die weiter unten behandelt wird.

Schiffstyp	Länge	Breite	Tiefgang	Tragfähigkeit in TEU
		in Metern		
Gustav Koenigs	67.0	8.2	2.50	32
Johann Welker	80.0	9.5	2.50	48
Johann Welker modifiziert	80.0	9.5	2.50	72
Leichter Europa II	76.5	11.4	3.20	105
Johann Welker modifiziert und Leichter Europa II	156.5	11.4	3.20	177
Feederschiff (Typschiff 95)	72.0	12.8	4.45	1.27

Tabelle 7: Abmessungen und Tragfähigkeiten im Containerverkehr eingesetzter Binnen- und Feederschiffe.

Wird dagegen eine der potentiellen Tragfähigkeit entsprechende Menge abtransportiert, ist eine Gleichsetzung mit Feederschiffen sinnvoll. Feeder sind Seeschiffe, die der Küstenschiffahrt zuzurechnen sind. "Die Küstenschiffahrtsbetriebe verbinden ... im Gütersammel- und -verteilverkehr die große Zahl kleinerer Häfen der kontinentalen Randmeere miteinander und mit den großen Überseehäfen" [BRAUER, Tätigkeitsbedingungen, 70].

Da Feederschiffe sehr unterschiedliche Abmessungen aufweisen können, sind in Tabelle 7 beispielhaft die Daten eines Typschiffes angegeben. Der Anteil der über Feeder abfließenden Import-FCL-Container beträgt 11.999 Prozent. Kennzeichen der Feeder-Abholung ist, daß in kurzer Zeit eine größere Containermenge den Terminal verläßt. Im Erhebungszeitraum betrug die durchschnittliche Lademenge 27 Container TEU.

Charakteristisch ist weiter, daß die Küstenschiffe, vergleichbar den Hochseeschiffen, nach Fahrplan verkehren, die Auslieferungszeit für den Terminaloperator somit planbar ist. Diese Tatsache in Verbindung mit dem Mengenanfall führt dazu, daß die Feeder-, ähnlich den Export-Containern nach Gewicht, Größe oder anderen Kriterien in ganzen Türmen vorgestaut und bei Ankunft des Zubringerschiffes blockweise von oben nach unten ausgelagert werden. Umstaubewegungen entfallen auf diese Weise, so daß auch die Feeder im folgenden unberücksichtigt bleiben können.

223 BAHN

"Der Containerverkehr mit der Eisenbahn erfolgt auf herkömmlichen Flachwagen oder auf speziellen Containertragwagen. Da Container nur für Belastungen bis 2g ausgelegt sind, beim Rangieren aber Beanspruchungen bis zu 6g auftreten können, dürfen die konventionellen Flachwagen nicht oder nur als Vorsichtswagen rangiert werden, sind also sinnvoll nur in Ganzzügen einzusetzen" [JEHLE, Verkehr, 87 f.]. Die speziell für den Containertransport gebauten Wagen sind mit Verriegelungs- und Stoßverzehreinrichtungen ausgestattet, die die Rangierstöße auf 2g dämpfen. Tabelle 8 [JEHLE, Verkehr, 89] gibt einen Überblick der von der Deutschen Bundesbahn eingesetzten Waggons. Der Anteil der Bahnabholung beläuft sich auf 28.043 Prozent der Import-FCL-Container. Die Behälter werden generell von zielreinen Container-Ganzzügen abgefahren, die Auslieferung einzelner Container an die Bahn ist eine zu vernachlässigende Ausnahme, die aber insofern berücksichtigt wird, als hier die weiter unten darzustellende Straßenfahrzeug-Abfertigung analog anzuwenden ist.

Ziele der von der Bahn transportierten Container sind - bezogen auf den Untersuchungsterminal - im wesentlichen Kopenhagen und Aarhus in Dänemark, sowie Nürnberg, Frankfurt, München und Osnabrück in der Bundesrepublik Deutschland. Die Beförderung erfolgt oft im sogenannten Nachtsprung.

"Bei der Bundesbahn sind für Container-Ganzzüge Zuglängen bis 100 Achsen, maximal 700 Meter zulässig" [JEHLE, Verkehr, 88]. Diese Information ist bei der Bestimmung der Dimensionierung des Lagerbereichs zu beachten, da die Auslieferung dergestalt erfolgt, daß der Zug parallel zum Portalkranbereich hält, wobei im Idealfall - der ein Rangieren überflüssig macht - Zug- und Bereichslänge identisch sind.

Da die Züge fahrplanmäßig verkehren, ist die Bahnabholung für den Terminalbetreiber zeitlich determiniert. Nach der Zugankunft werden die gewünschten Container durch die Portalkrane ausgelagert. Diesem Ablauf entsprechend werden die von der Bahn abzuholenden Container parallel zum Ladegleis über die gesamte Lagerlänge eingestaut, wobei die Zahl der Breitenpositionen in Abhängigkeit von Verweildauer und Mengenanfall zu bestimmen ist.

Bei der Verweildauer, wie weiter unten noch gezeigt wird, genügt die Angabe eines Mittelwertes, der im Rahmen des Unterprogrammes IMPORT-ANALYSE 2 mit 2.22 Tagen berechnet wurde. Der Anteil am Gesamtaufkommen (36500 Stück) wurde im Unterprogramm TRANSPORTMODUS mit 23.10 Prozent oder 8430 Stück bestimmt.

Die Umstauproblematik ist für die Bahnverladung zwar relevant aber nicht lösbar, da bis zur Ankunft des Zuges nicht

Waggontyp	Länge über Puffer in Metern	Höchstgeschwindigkeit in Kilometern je Stunde	Tragfähigkeit in TEU
Lgjs 571	17.1	100	2
Lss-y 572	16.8	120	2
Lgjs 573	14.8	100	2
Lss-y 574	14.8	120	2
Lgjs 575	14.8	100	2
Lbgjs 598	14.8	100	2
Lgjs 599	14.8	100	2
Sgjss 712	21.0	120	3
Sgss 713	19.6	120	3
Saggss 714	27.2	120	4
Sgjs 716	21.1	100	3
Sgs-y 717	27.6	120	4
Sgj-w 718	21.1	100	3

Tabelle 8: Daten der für den Containertransport geeigneten Tragwagen der Deutschen Bundesbahn.

bekannt ist, welcher Container auf welchen Waggon verladen werden soll. Dies liegt darin begründet, daß nicht jeder Waggon für den Transport jeden Containers geeignet ist, und die Waggonzusammensetzung und -folge des Zuges zum Zeitpunkt des Einstauens der Container im Lager noch nicht feststeht. Der Bahneinfluß braucht deshalb ebenfalls nicht berücksichtigt werden.

224 STRASSENFAHRZEUGE

"Der Transport der Container auf der Straße wird mit Lastkraftwagen, Anhängern, Lastzügen (Lastkraftwagen und Anhänger) und Sattelzügen, bestehend aus Zugmaschine und Sattelauflieger, durchgeführt. Dabei sind unter anderen eine Reihe gesetzlicher Bestimmungen zu beachten, die die Abmessungen und Gesamtgewichte (abhängig von der Zahl der Achsen) determinieren" [JEHLE, Verkehr, 88]. Die in der Bundesrepublik Deutschland zulässigen Werte zeigt Tabelle 10.

Der Anteil der von Straßenfahrzeugen abgefahrenen Container, bezogen auf die Import-FCL- (Import-) Gesamtheit des Untersuchungszeitraumes betrag 59.933 (40.758) Prozent. Tabelle 9 zeigt abschließend noch einmal im Überblick die Aufteilung der von Dezember 1977 bis Juli 1978 analysierten Container nach Flußrichtung und Abholung.

Wesentliches Charakteristikum der Containerauslieferung im Straßenverkehr ist, daß in der Regel nur ein, gemäß den Werten der Tabelle 10 maximal zwei Behälter je Fahrzeug abtransportiert werden können. Der letztgenannte Fall kann für eine Modellbetrachtung vernachlässigt werden, da er wie die direkt aufeinanderfolgende Bearbeitung zweier Lastkraftwagen mit je nur einem Container zu behandeln ist.

Der Abholprozeß beginnt mit dem Eintreffen eines Lastwagens im Parkhafen des Terminals, der noch außerhalb des umzäunten Geländes liegt. Der Fahrer begibt sich zunächst zum Interchange. "Hier wird die Übergabe und der Empfang der Container im Terminal papiermäßig abgewickelt, so z. B. das die Container begleitende Datenmaterial auf Vollständigkeit geprüft"

Bezeichnung	Container in Stück	Anteil in Prozent
Grundgesamtheit, davon	36500	100.000
M/R-Container	3323	9.104
Depot-Container	10389	28.463
Export-Container	10864	29.764
Import-Container	11924	32.669
Import-Gesamtheit, davon	11924	100.000
LCL-Container	3815	31.994
FCL-Container	8109	68.006
Import-FCL-Gesamtheit, davon	8109	100.000
Binnenschiff-Abholung	2	0.025
Feeder-Abholung	973	11.999
Bahn-Abholung	2274	28.043
Straßenfahrzeug-Abholung	4860	59.933

Tabelle 9: Aufteilung der von Dezember 1977 bis Juli 1978 analysierten Container nach Flußrichtung und Abholung, in Stückzahlen und prozentualem Anteil.

Fahrzeugart	Länge	Breite	Höhe	Zulässiges Gesamtgewicht bei einer Achszahl von			
	Maximum in Metern			2	3	4	5
Lastkraftwagen	12	2.5	4	16	22	22	22
Anhänger	12	2.5	4	16	22	–	–
Lastzüge	18	2.5	4	–	–	38	38
Sattelzüge	15	2.5	4	–	26	36	38

Tabelle 10: Abmessungen und Gesamtgewichte der für den Containertransport geeigneten Straßenfahrzeuge in der Bundesrepublik Deutschland.

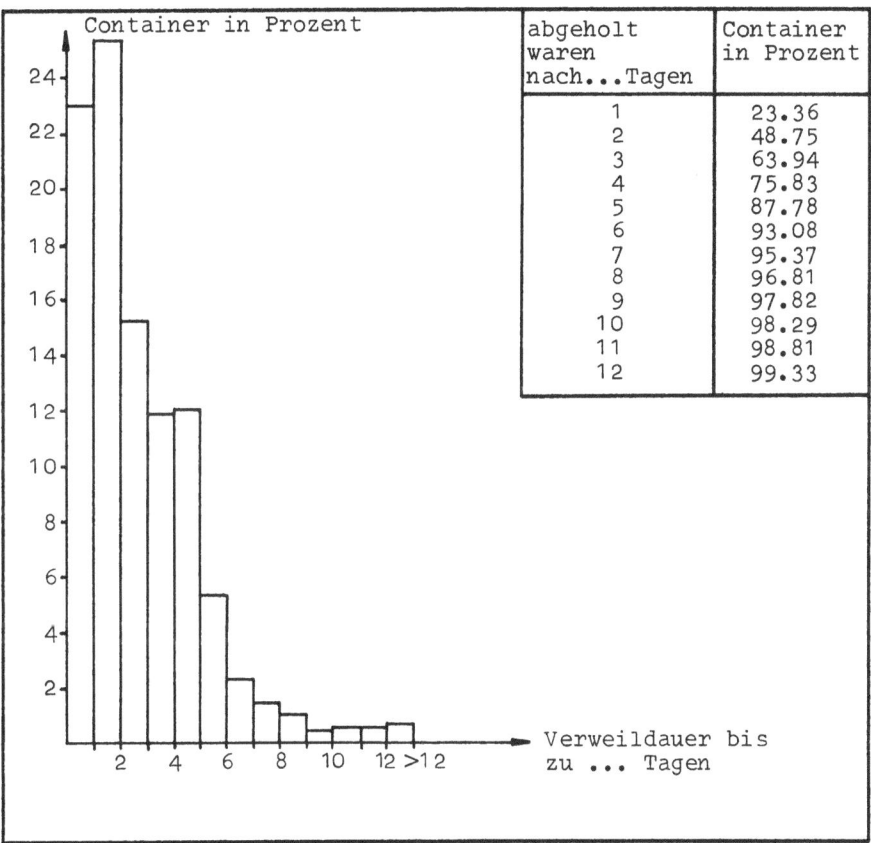

Abbildung 1: Verweildauern der von Dezember 1977 bis Juli 1978 analysierten 4860 Import-FCL-Container, die mit Straßenfahrzeugen abgeholt wurden.

[JEHLE, Arbeitszeitgestaltung, 30]. Ferner wird die Warteposition auf der Ladestraße längs des Portalkranbereichs mitgeteilt. Nach diesem Arbeitsschritt ist der Fahrer berechtigt, das eigentliche Terminalgelände zu befahren, eine erforderliche Einweisung erfolgt durch den Gate-Checker am Ingate. Der Lastkraftwagen steuert dann die angewiesene Haltestelle an und wartet auf die Bedienung durch einen Portalkran, der den gewünschten Container auslagert und auf der Ladefläche absetzt. Die Bedienung erfolgt in der Reihenfolge des Eintreffens ('first in - first out').

Der Lastwagen verläßt den Terminal durch das Ausfahr-Gate, wobei durch den dortigen Gate-Checker der auszuliefernde Container nochmals überprüft wird. Betrachtet man das Auslagern - als Teilaktivität des eben beschriebenen Prozesses - so ist festzustellen, daß hiermit häufig ein Umstauen, das heißt ein Umsetzen der auf dem gewünschten Container lagernden Behälter verbunden ist.

Die wesentliche Ursache hierfür ist darin zu sehen, daß im Straßentransport der Abholtermin nicht exakt vorausbestimmt werden kann. Die Abholung beginnt aus Gründen der Dokumentation frühestens eine Stunde nach Löschende des betreffenden Schiffes, nach sechs Tagen sind über 90 Prozent der Container ausgeliefert. Dies dokumentiert auch Abbildung 1, die das Verweildauer-Mengen-Verhältnis tageweise aufschlüsselt und auch die relativen Summenhäufigkeiten enthält. Die Daten für Abbildung 1 wurden durch das Simulationsprogramm TERMSIM, Unterprogramm MWERT, das im vierten Kapitel beschrieben wird, berechnet.

Innerhalb der genannten Zeitspanne ist für den einzelnen Container ein genauer Abholzeitpunkt nicht fixierbar. Daraus resultiert, in Verbindung mit der Notwendigkeit mehrlagiger Stapelung und der Einzelabholung, die einen geeigneten Vorstau in ganzen Türmen nicht zuläßt, die Umstauproblematik. Dabei kann die Betrachtung, wie die bisherige Darstellung gezeigt hat, auf eine Analyse der Straßenfahrzeugabholung reduziert werden.

Da hier die Umstaubewegungen, bezogen auf die Ein- und

Auslagerungen, einen Anteil von etwa 40 Prozent an der Gesamtbewegungszahl haben, erscheint es angebracht zu untersuchen, inwieweit durch ein geeignetes Dispositionsverfahren eine Verringerung möglich ist. Dazu ist es erforderlich, im Rahmen einer ex-post Betrachtung die Verweildauern - als wesentliche Einflußgröße der Straßenabholung - zu ermitteln. Damit ist die Grundlage für eine abholerspezifische Prognose geschaffen, die ihrerseits die Voraussetzung jeder sinnvollen Einstaustrategie sein muß.

Zu diesem Zweck wurde die Gesamtheit der an Lastwagen ausgelieferten Import-FCL-Container weiter aufgeteilt nach einzelnen Abholern und innerhalb dieser Gruppen für jeden Container die Verweildauer im Terminal berechnet (Unterprogramm IMPORT-ANALYSE 2). Tabelle 11 zeigt ausschnittweise die Ergebnisse für vier der 32 Straßenabholer des Terminals im Erhebungszeitraum.

225 TIEFSEESCHIFFE

Die Anlieferung der Import-Container erfolgt durch Vollcontainerschiffe, die in der Tiefseefahrt eingesetzt werden. "Charakteristisch für sie ist, daß sämtliche Laderäume mit senkrechten zellenförmigen Führungsschächten für die Container ausgestattet sind. Unter Deck werden bis zu neun Lagen, auf Deck bis vier Lagen Container geladen" [JEHLE, Verkehr, 91].

Tiefseeschiffe werden allgemein üblich nach Generationen eingeteilt, die sich in bezug auf Abmessungen und Containertragfähigkeiten unterscheiden. Tabelle 12 gibt hier einen Überblick [JEHLE, Verkehr, 92]. Die Einflußnahme der Schiffe auf die Umstauproblematik läßt sich durch die Beantwortung zweier Fragestellungen erläutern.

Zunächst ist es sinnvoll, den Anlieferungsprozeß zu analysieren. Verläßt das Schiff den letzten überseeischen Hafen, werden gleichzeitig die Baypläne (Stauplan) per Luftpost an die Löschhäfen abgesandt. Der Terminaloperator weiß damit etwa vier bis zehn Tage vor Ankunft - häufig noch früher - für wieviel Import-Container er Stellplätze reservieren muß. Dabei

Abholer	Containerzahl in Stück	Verweildauern der Container des Abholers in Stunden											
1	51	97	42	112	112	48	18	22	1	26	24	42	17	20	26	1	21
		7	11	27	31	33	5	10	27	7	5	24	28	30	32	48	54
		1	3	20	24	24	27	44	46	48	51	68	94	32	44	52	59
		53	55	38													
30	68	30	31	34	34	40	53	54	56	59	73	70	80	99	101	120	124
		125	102	105	106	109	126	127	130	133	134	150	150	154	154	155	154
		162	174	176	175	110	110	80	79	79	95	95	95	96	100	100	118
		119	120	120	124	124	142	142	145	139	124	102	99	102	114	111	5
		8	121	115	116												
31	68	356	169	192	187	216	226	232	96	139	169	25	48	94	96	94	104
		99	122	238	56	73	38	144	103	133	178	76	78	82	102	34
		113	113	159	12	80	83	106	33	34	102	19	95	41	109	139
		135	26	19	53	64	88	48	72	74	200	38	42	88	178	177	158
		179	167	167	171												
32	17	99	100	126	70	45	45	228	272	273	274	274	275	278	279	280	280
		282															

Tabelle 11: Verweildauern der mit Straßenfahrzeugen von Dezember 1977 bis Juli 1978 abgeholten Import-FCL-Container, aufgeteilt nach Abholern, ausschnittweise gezeigt für die Abholer 1, 30, 31 und 32.

Containerschiffe	Länge	Breite	Tiefgang	Tragfähigkeit
	in Metern			in TEU
1. Generation	170	27.0	7.9	750
2. Generation	220	30.0	11.5	1600
3. Generation	287	32.3	12.0	3000

Tabelle 12: Abmessungen und Tragfähigkeiten der in der Tiefseefahrt eingesetzten Vollcontainerschiffe.

Schiff	Import-Ladung in Containern	Straßenanteil	Straße in %	Schiff	Import-Ladung in Containern	Straßenanteil	Straße in %
1	421	198	47.03	24	264	142	53.79
2	421	142	33.73	25	295	131	44.41
3	401	131	32.67	26	339	161	47.49
4	390	146	37.44	27	344	141	40.99
5	334	115	34.43	28	115	60	52.17
6	454	192	42.29	29	103	58	56.31
7	423	167	39.48	30	139	61	43.88
8	441	133	30.16	31	118	26	22.03
9	463	149	32.18	32	52	35	67.31
10	424	156	36.79	33	118	48	40.68
11	385	101	26.23	34	86	29	33.72
12	394	114	28.93	35	50	22	44.00
13	197	76	38.58	36	87	34	39.08
14	199	83	41.71	37	67	19	28.36
15	255	98	38.43	38	53	21	39.62
16	289	135	46.71	39	63	42	66.67
17	248	106	42.74	40	50	17	34.00
18	270	93	34.44	41	72	16	22.22
19	234	92	39.32	42	58	23	39.66
20	314	138	43.95	43	70	26	37.14
21	280	121	43.21	44	89	25	28.09
22	280	112	40.00	45	57	18	31.58
23	303	147	48.52	46	63	28	44.44

Tabelle 13: Schiffsweise Aufteilung der Ladung in Import-Container und Straßenabholung (Import-FCL).

werden zusammenhängende Bereiche (Binnenschiff, Feeder, Bahn, Straße) im Containerlager vorgehalten.

Nach dem Festmachen des Containerschiffs beginnt das Löschen durch die Containerbrücken, der Transport zum Portalkranbereich wird von den Terminaltransportmitteln durchgeführt; dieser Vorgang wurde weiter oben bereits beschrieben.

Als zweiter Sachverhalt ist bei der Betrachtung der Tiefseeschiffe zu klären, inwieweit die Ladungszusammensetzung zu beachten ist. Zu diesem Zweck mußten die zur Verfügung stehenden Datensätze schiffsweise analysiert werden. Es wurden 46 Schiffe mit insgesamt 10572 Import-Containern bearbeitet. Die Differenz zur in Tabelle 9 angegebenen Import-Gesamtheit (11924 Stück) entsteht dadurch, daß in der Grundgesamtheit auch Container enthalten waren, die vor dem Erhebungszeitraum gelöscht wurden. Die zugehörigen Schiffe konnten daher nicht berücksichtigt werden. Gleiches gilt für Schiffe, deren Ladung teilweise erst nach dem Erhebungszeitraum abgeholt wurde.

Für die weitere Untersuchung sind nur die Import-FCL-Container, die von Straßenfahrzeugen abgeholt werden, relevant. Im ersten Schritt war daher eine schiffsweise Aufteilung der Import-Behälter durchzuführen. Die Berechnungen erfolgten mittels IMPORT-ANALYSE 1, Tabelle 13 zeigt die Ergebnisse. Die Straßenabholung beläuft sich dabei auf 4128 Stück, die Differenz zur Tabelle 9 (4860 Stück) erklärt sich wie eben angegeben.

Auf der Basis der Werte aus Tabelle 13 mußte dann für jedes Schiff errechnet werden, wie hoch der Anteil der 32 Straßenabholer an der jeweiligen Löschmenge war. Resultat ist die schiffsweise Aufschlüsselung der Ladung (Import-FCL-Straße) nach einzelnen Abholern, wie sie den Tabellen 14a, 14b und 14c entnommen werden kann.

Die Analyse dieser Daten zeigt, daß die 46 Schiffe in drei Kategorien unterschiedlicher Abholerzusammensetzung eingeteilt werden können. Als Typ A sollen die Schiffe eins bis zwölf bezeichnet werden, Drittgenerationsschiffe, die in der Fernostfahrt eingesetzt werden. Typ B, die Schiffe 13 bis 27, gehört der zweiten Generation an und verkehrt auf dem Nordat-

Abholer / Schiffe	1	2	3	4	5	6	7	8	9	10	11
1	–	46	12	–	–	–	4	20	1	–	–
2	–	54	10	1	–	–	3	–	6	–	14
3	–	42	14	–	–	–	2	13	–	–	2
4	–	22	21	4	–	–	15	34	–	–	4
5	1	49	10	–	–	–	2	–	–	–	4
6	1	89	6	2	–	–	12	–	6	1	11
7	–	69	10	–	–	–	4	2	–	–	10
8	–	43	18	–	–	–	5	–	–	2	5
9	2	46	24	–	–	–	13	11	3	–	2
10	1	48	24	2	–	1	3	8	2	3	14
11	–	33	6	–	–	–	1	10	–	2	4
12	–	33	9	1	–	–	1	9	–	2	2
13	–	–	6	–	–	–	–	5	2	1	–
14	–	–	12	–	–	1	–	1	–	2	–
15	–	1	13	–	1	6	1	2	–	–	–
16	–	–	8	–	9	4	–	8	8	2	–
17	–	–	6	–	–	–	–	4	7	3	–
18	–	–	5	1	1	–	–	–	3	–	–
19	–	–	5	–	1	2	–	3	1	–	–
20	–	–	8	–	3	1	–	7	–	1	–
21	–	2	6	–	–	–	–	2	–	–	–
22	–	–	13	1	1	10	–	6	4	1	–
23	–	–	9	–	2	7	–	3	1	3	–
24	–	–	5	–	2	8	–	5	–	–	–
25	–	–	20	–	1	2	–	1	1	1	–
26	–	13	17	–	–	13	–	6	–	1	–
27	–	1	15	–	5	3	–	4	–	–	–
28	1	11	–	1	–	–	–	18	1	–	–
29	–	17	1	1	–	–	–	5	10	–	–
30	–	1	–	–	–	–	–	–	–	–	–
31	–	1	–	–	–	–	–	–	–	2	–
32	–	–	–	–	–	–	–	–	–	2	–
33	10	–	3	4	3	–	–	–	–	–	–
34	–	4	1	–	–	–	–	5	–	–	–
35	–	7	1	–	–	1	–	2	4	–	–
36	–	12	1	–	–	–	–	14	2	–	–
37	–	9	1	–	–	–	–	1	1	–	–
38	–	11	–	–	–	–	–	6	–	–	–
39	–	15	–	5	–	1	–	15	–	–	1
40	–	–	–	–	–	1	–	5	–	–	–
41	–	1	–	–	–	–	–	14	1	–	–
42	–	18	1	–	–	1	–	–	–	–	–
43	–	8	–	–	–	–	–	–	3	–	–
44	–	12	1	–	–	–	–	–	1	–	–
45	–	5	1	–	–	–	–	–	–	–	–
46	–	8	2	–	–	–	–	2	4	1	–
Summe	16	731	325	23	29	62	66	251	72	30	73

Tabelle 14a: Schiffsweise Aufteilung der Ladung (Import-FCL-Straße) nach einzelnen Abholern für die 46 Tiefseeschiffe im Erhebungszeitraum, hier Abholer 1 bis 11. Angaben in Stück.

Abholer / Schiffe	12	13	14	15	16	17	18	19	20	21	22	23	24
1	-	41	60	-	-	-	-	1	-	1	-	-	1
2	-	3	34	-	-	-	-	2	-	1	-	-	-
3	-	-	31	-	-	-	-	-	-	1	-	-	2
4	-	2	39	-	-	-	-	-	-	-	-	-	-
5	2	7	36	-	-	-	-	-	-	1	-	-	1
6	-	-	36	-	-	-	-	-	-	1	-	-	-
7	-	-	45	-	-	-	-	1	-	-	-	-	-
8	-	-	39	-	-	-	-	2	-	7	-	-	1
9	-	3	25	-	-	-	-	1	-	-	-	-	-
10	-	5	36	-	-	-	-	-	-	2	-	-	-
11	-	19	19	-	-	-	-	-	-	2	-	-	-
12	-	4	44	-	-	-	-	1	-	-	-	-	1
13	1	-	5	1	1	19	10	-	1	17	-	-	-
14	1	-	3	-	2	25	-	5	1	12	-	4	1
15	1	-	5	3	-	25	4	1	1	25	-	1	-
16	2	-	8	-	-	39	13	5	3	21	-	2	-
17	1	1	11	1	-	34	12	1	1	13	-	1	5
18	5	-	8	4	1	20	4	3	4	15	-	1	-
19	4	-	8	2	1	27	10	2	3	21	-	1	-
20	1	-	4	2	-	40	5	4	7	40	-	1	1
21	4	-	13	-	-	33	8	-	1	28	-	2	1
22	10	-	11	-	-	33	4	2	1	11	-	-	-
23	11	6	10	4	-	19	11	1	3	31	-	-	-
24	2	-	11	-	3	28	4	7	3	58	-	-	1
25	1	-	9	1	-	35	13	1	4	32	-	-	-
26	2	1	34	1	-	30	10	4	4	12	1	-	3
27	2	-	13	1	1	42	15	3	-	29	-	-	-
28	1	-	2	-	-	4	-	1	-	2	3	-	-
29	-	-	2	-	-	1	5	-	-	-	10	1	1
30	-	-	-	-	-	10	-	-	-	-	50	-	-
31	-	-	-	-	-	11	-	-	-	-	12	-	-
32	-	-	-	-	1	12	-	2	-	7	-	-	-
33	-	-	-	-	-	-	-	-	-	-	-	-	-
34	1	-	-	-	-	2	1	-	-	-	11	-	1
35	-	-	2	-	-	-	-	-	-	-	5	-	-
36	-	-	-	-	-	3	1	-	-	-	1	-	-
37	1	-	-	-	-	2	1	-	-	-	3	-	-
38	-	-	-	-	-	1	1	-	-	-	-	-	2
39	-	-	-	-	-	-	-	-	-	-	-	-	3
40	-	-	-	-	-	3	-	-	-	-	8	-	-
41	-	-	-	-	-	-	-	-	-	-	-	-	-
42	-	-	-	-	-	1	-	-	-	-	1	-	1
43	-	-	7	-	-	1	-	-	-	-	7	-	-
44	-	-	10	-	-	1	-	-	-	-	-	-	-
45	-	-	1	-	-	4	-	-	-	-	7	-	-
46	-	-	1	-	-	3	-	-	-	-	7	-	-
Summe	53	92	622	20	10	508	132	50	37	390	126	14	26

Tabelle 14b: Schiffsweise Aufteilung der Ladung (Import-FCL-Straße) nach einzelnen Abholern für die 46 Tiefseeschiffe im Erhebungszeitraum, hier Abholer 12 bis 24. Angaben in Stück.

Abholer / Schiffe	25	26	27	28	29	30	31	32	Summe
1	–	–	11	–	–	–	–	–	198
2	1	–	12	1	–	–	–	–	142
3	–	–	23	1	–	–	–	–	131
4	–	–	5	–	–	–	–	–	146
5	–	–	2	–	–	–	–	–	115
6	–	–	25	2	–	–	–	–	192
7	–	–	26	–	–	–	–	–	167
8	–	–	10	1	–	–	–	–	133
9	–	–	19	–	–	–	–	–	149
10	–	–	6	1	–	–	–	–	156
11	–	–	3	2	–	–	–	–	101
12	–	–	7	–	–	–	–	–	114
13	3	1	–	–	–	–	3	–	76
14	–	2	–	1	1	–	9	–	83
15	1	4	–	–	–	–	3	–	98
16	1	1	–	–	–	–	1	–	135
17	1	1	1	1	1	–	–	–	106
18	–	–	1	–	1	9	7	–	93
19	–	–	–	1	–	–	–	–	92
20	–	–	–	–	–	8	5	–	138
21	–	2	–	–	–	19	–	–	121
22	–	1	–	–	–	2	1	–	112
23	2	2	–	–	1	18	3	–	147
24	1	1	–	–	2	1	–	–	142
25	1	–	–	–	–	4	4	–	131
26	–	–	–	–	2	2	5	–	161
27	1	2	1	–	–	–	3	–	141
28	–	–	–	–	15	–	–	–	60
29	–	–	2	–	–	–	–	2	58
30	–	–	–	–	–	–	–	–	61
31	–	–	–	–	–	–	–	–	26
32	–	4	–	1	–	–	6	–	35
33	–	–	–	–	2	4	12	10	48
34	–	–	1	–	1	–	1	–	29
35	–	–	–	–	–	–	–	–	22
36	–	–	–	–	–	–	–	–	34
37	–	–	–	–	–	–	–	–	19
38	–	–	–	–	–	–	–	–	21
39	–	–	–	–	2	–	–	–	42
40	–	–	–	–	–	–	–	–	17
41	–	–	–	–	–	–	–	–	16
42	–	–	–	–	–	–	–	–	23
43	–	–	–	–	–	–	–	–	26
44	–	–	–	–	–	–	–	–	25
45	–	–	–	–	–	–	–	–	18
46	–	–	–	–	–	–	–	–	28
Summe	12	21	155	14	26	67	63	12	4128

Tabelle 14c: Schiffsweise Aufteilung der Ladung (Import-FCL-Straße) nach einzelnen Abholern für die 46 Tiefseeschiffe im Erhebungszeitraum, hier Abholer 25 bis 32 und Schiffssummen. Angaben in Stück.

lantik, wohingegen der Typ C (28 bis 46) – erste Generation –
die Relationen Mittelost und Westafrika befährt.

Diese Zuordnung konnte anhand einer reedereibezogenen
Analyse aufgrund der Original-Schiffsnummern vorgenommen werden. Trotz dieser Typisierung ist die Ladungszusammensetzung
mengenmäßig von Schiff zu Schiff verschieden, so daß im Rahmen
einer Modellbetrachtung Einzelschiffe und nicht nur Typschiffe
untersucht werden müssen. Dazu ist an dieser Stelle abschließend zu prüfen, ob der Terminaloperator spätestens bei Löschbeginn die erforderlichen Informationen, welcher Straßenabholer welchem Container zuzuordnen ist, besitzt.

Dies kann bejaht werden. Wie bereits erwähnt, trifft etwa zehn Tage vor Ankunft des Schiffes der Import-Stauplan ein,
aus dem dann sofort im Terminal eine Soll-Löschliste erstellt
wird. Diese Liste wird den Schiffsmaklern der Reedereien vorgelegt, die sie mit Vermerken versehen, wer welchen Container
abholt. Hinsichtlich der Straßenfahrzeuge gilt das aber nur
bei Carriers Haulage, so daß auf diesem Wege nur der erste
Teil der Abholer bekannt wird.

Die Erkenntnis über den zweiten Teil basiert auf der Analyse der Ladungsmanifeste. Aus dieser Aufstellung der Ladungsgüter kann der Terminaloperator aufgrund vorliegender Erfahrungswerte mit großer Sicherheit Rückschlüsse auf den Abholer
ziehen. In Abhängigkeit von den befahrenen Relationen liegen
die Manifeste etwa zehn (Fernost), fünf Tage (Nordatlantik)
und ein Tag (Mittelost, Westafrika) vor Ankunft des Schiffes
vor.

23 TERMINAL

Der Terminal als Umschlagort hat den Anforderungen des Ladungsträgers und der Transportmittel gerecht zu werden. Dies
geschieht, indem die relevanten Einflüsse in materielle und
informationelle Tatbestände umgesetzt werden. Materielle Tatbestände meint dabei die vorzuhaltenden Geräte und die Infrastruktur, der informationellen Seite genügt eine funktionale
Darstellung mit dem Schwerpunkt der Betrachtung des Geräteein-

satzes im Rahmen der Infrastruktur.

Für beide Bereiche ist zu untersuchen, inwieweit sie für die Umstauproblematik von Bedeutung sind. Weitere Aufgabe dieses Abschnittes ist es festzustellen, wie der Terminal im eben beschriebenen Sinne den Lagerplatzbereich determiniert. Die Beantwortung dieser Frage ergibt sich aus dem Zusammenspiel der einzelnen Komponenten, wobei als sinnvolle Ausgangsgröße die maximale Terminalkapazität, ausgedrückt in täglich vorzuhaltenen Stellplätzen TEU, zu bestimmen ist.

231 MATERIELLE TATBESTÄNDE

Die Darstellung der materiellen Tatbestände ist sinnvoll getrennt nach Wasser- und Landseite vorzunehmen. Wasserseitig wird der Terminal durch die vorhandene Kaianlage und die dort einzusetzenden Containerbrücken determiniert. Es muß daher geklärt werden, wieviele Schiffsliegeplätze vorzuhalten und wieviele Containerbrücken mit welcher technischen Leistungsfähigkeit an der ermittelten Kaianlage einzusetzen sind.

Die Frage nach den Schiffsliegeplätzen ist in zweifacher Hinsicht, nach ihrer Anzahl und deren Umrechnung in Kailänge in Metern zu quantifizieren. Letzteres bedingt eine Berücksichtigung der Größe der abzufertigenden Schiffe. Da die zu konzipierende Umschlaganlage in der Lage sein muß, alle vorkommenden Containerschiffe zu bedienen, wird entsprechend Tabelle 12 eine Liegeplatzlänge von 300 Metern angenommen.

Die Festlegung der Liegeplatzzahl erfolgt auf der Basis der Auswertung empirischer Gegebenheiten, unter Anwendung folgender Kriterien. Die Liegeplatzzahl ist ein Vielfaches von 300; ausgewertet wurden nur Terminals, nicht Hafenplätze; ein Terminal besteht aus räumlich zusammenhängenden Liegeplätzen und ist eine organisatorisch und rechtlich selbständige Einheit.

Mit Hilfe dieser Kriterien wurden die Daten [DENTON, Containerisation 1978, 37-163; JANE'S, Containers 1978, 1-226] von 203 Terminals der Welt analysiert. Tabelle 15 und Abbildung 2 zeigen das Ergebnis. Danach werden für die weitere Un-

Schiffs-liegeplätze	1	2	3	4	5	6	7	8	9	Summe
Fahrtgebiet	Anzahl der Terminals mit ... Plätzen									
Europa	24	31	8	6	–	–	–	1	–	70
Afrika	2	6	2	–	–	–	–	–	–	10
Fernost, Asien	14	13	2	4	–	–	–	–	1	34
Australasien	7	5	–	–	–	–	–	–	–	12
Mittlerer Osten	3	3	–	–	–	–	–	–	–	6
Nordamerika	30	25	6	4	–	–	–	–	–	65
Karibik, Zentralamerika	4	2	–	–	–	–	–	–	–	6
Südamerika	–	–	–	–	–	–	–	–	–	–
Summe	84	85	18	14	–	–	–	1	1	203

Tabelle 15: Container-Terminals der Welt, aufgeschlüsselt nach Fahrtgebiet und Schiffsliegeplätzen.

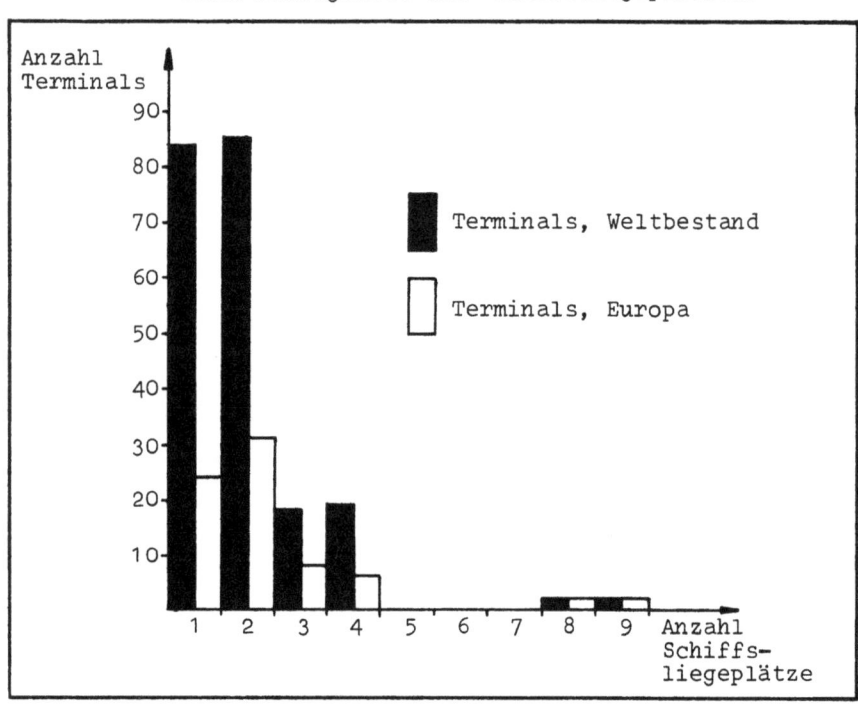

Abbildung 2: Container-Terminals (Weltbestand und Europa), aufgeschlüsselt nach Schiffsliegeplätzen.

tersuchung zwei Liegeplätze für Tiefseeschiffe zugrundegelegt.

Bei der Konzeption der Kaianlage ist weiter zu berücksichtigen, daß hier neben Tiefsee- auch Feeder- und Binnenschiffe abgefertigt werden sollen. Unter Beachtung des Anteils dieses Verkehrs (Tabelle 9) und um eine gleichzeitige Abfertigung beider Transportmittel zu gewährleisten, wird ein Liegeplatz für Feeder- und Binnenschiffe mit einer Länge von 100 Metern vorgehalten. Die gesamte Kaianlage weist damit eine Länge von 700 Metern auf.

Auf dieser Basis ist die Frage der Bestückung mit Containerbrücken zu untersuchen. Besondere Bedeutung kommt der Festlegung der Anzahl der Geräte zu, denn "... sie stellen den Engpaß des Terminals dar und bestimmen somit seine Leistungsfähigkeit" [AUTORENKOLLEKTIV, Container-Transportsystem, 151]. Für die weitere Untersuchung wird eine Ausstattung der konzipierten Anlage mit vier Containerbrücken angenommen. Folgende Gründe bestimmen diese Entscheidung.

Es wurde und wird allgemein davon ausgegangen, einen Liegeplatz der geforderten Länge mit mindestens zwei Containerbrücken auszurüsten [BRUUN, Port, 216; MCKINSEY, Transport, 85]. Nun ist es realiter falsch, bei einer Erhöhung der Anzahl der Liegeplätze grundsätzlich eine proportionale Vergrößerung des Gerätebestandes anzunehmen. Dies belegt eine entsprechende Analyse der in Tabelle 15 aufgeführten Terminals mit zwei Liegeplätzen. Von den dort ausgewiesenen 85 Umschlagplätzen konnten aufgrund fehlender Angaben nur 71 berücksichtigt werden. Die Ergebnisse sind Tabelle 16 und Abbildung 3 zu entnehmen, wonach die durchschnittliche Bestückung bei 3.17 (Europa 3.03) Einheiten liegt.

Da aber die Terminals mit drei und vier Containerbrücken zahlenmäßig nahezu gleich stark vertreten sind und bei Ansatz des angenommenen zusätzlichen Feederliegeplatzes, ist die gemachte Annahme von vier Geräten gerechtfertigt.

Neben der Anzahl ist die technische Leistung der Containerbrücken in der für diese Analyse relevanten Ausprägung, das heißt in Containerbewegungen je Zeiteinheit (Kranspiele je Zeiteinheit) festzulegen. Die exakte Bestimmung eines allge-

Container-Krane	1	2	3	4	5	6	Summe
Fahrtgebiet	Anzahl der Terminals mit ... Kranen						
Europa	-	13	8	7	2	1	31
Afrika	-	1	-	-	-	-	1
Fernost, Asien	-	3	1	4	1	1	10
Australasien	-	-	4	-	-	-	4
Mittlerer Osten	keine Angaben erhältlich						-.
Nordamerika	-	5	9	8	1	-	23
Karibik, Zentralamerika	-	1	-	-	1	-	2
Summe	-	23	22	19	5	2	71

Tabelle 16: Container-Terminals mit zwei Liegeplätzen, aufgeschlüsselt nach Fahrtgebiet und Anzahl der eingesetzten Container-Krane.

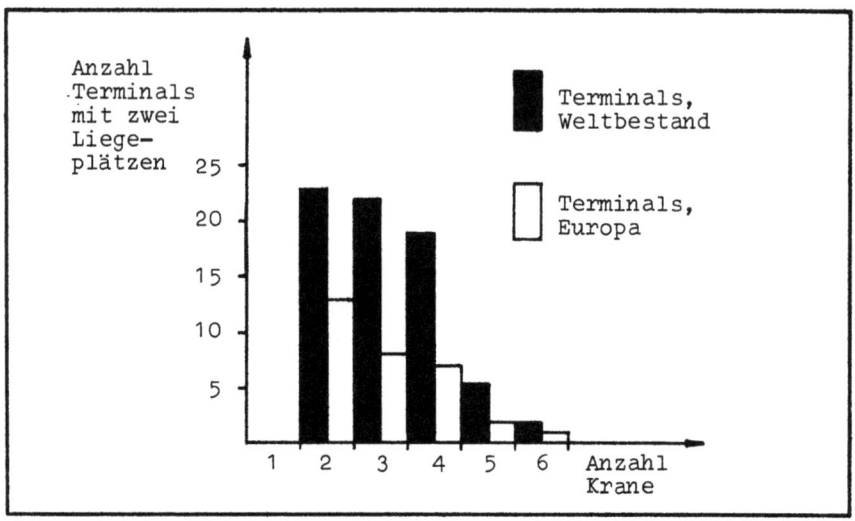

Abbildung 3: Container-Terminals mit zwei Liegeplätzen (Weltbestand und Europa), aufgeschlüsselt nach Anzahl der eingesetzten Container-Krane.

Containerart	20-Fuß-Einheit			40-Fuß-Einheit		
Bewertung	Maximal	Minimal	Durchschnitt	Maximal	Minimal	Durchschnitt
Ladespiele je Stunde	30	15	23	26	11	20
Löschspiele je Stunde	35	15	25	31	11	21

Tabelle 17: Lade- und Löschspiele wasserseitiger Container-Krane je Stunde (Einzelspiele).

meingültigen Wertes ist dabei unmöglich, da die technischen
Daten der Containerbrücken variieren, ferner - in Abhängigkeit
von Schiffstyp und Stauplatz des Containers im Schiff - die
zurückzulegenden Wege je Kranspiel sehr unterschiedlich sind
und sich im Einzelfall Störgrößen, wie beispielsweise Windeinflüsse, negativ bemerkbar machen können. Es wird daher auf
Durchschnittswerte zurückgegriffen. Tabelle 17 zeigt eine entsprechende Auswertung der Unterlagen des Untersuchungsterminals.

Diese empirisch ermittelte Wertekonstellation liegt im
Bereich, der üblicherweise angegeben wird [AUTORENKOLLEKTIV,
Container-Transportsystem, 151; KATAOKA, Rubber-tyred, 26].
Damit ist sichergestellt, daß es sich hier nicht um einen auf
den Untersuchungsterminal beschränkten Sonderfall handelt. Die
Werte beziehen sich auf Kranlaufzeiten. Wartungs- und Reparaturzeiten - je nach Auslastung drei bis 30 Prozent der Einsatzzeit - sind nicht eingeschlossen.

Landseitig wird der Terminal durch seine Fläche, Flächenaufteilung (Gebäude, Stellplätze, Fahrwege) und die eingesetzten Zwischentransportmittel bestimmt. Für die Terminalchassis
wurde bereits im Abschnitt 221 nachgewiesen, daß sie die Umstauproblematik nicht beeinflussen. Diese Aussage gilt analog
für die Einflußgröße 'Fläche', da sie lediglich eine Voraussetzung für die Errichtung des Lagers ist.

232 INFORMATIONELLE TATBESTÄNDE

Nach der Festlegung der relevanten Infrastruktur und der erforderlichen Geräte ist jetzt zu untersuchen, wie und wann der
Geräteeinsatz erfolgt. Die zeitliche Gestaltung der Einsatzbereitschaft entspricht den Einsatzzeiten des Terminals, ist also für alle Geräte gleich und wird daher gesondert behandelt.
Geräte und Geräteeinsatz ermöglichen jetzt zwar die Bestimmung
des realisierbaren Umschlagvolumens, lassen aber keinen Schluß
auf die dafür benötigte Stellplatzkapazität zu. Folglich muß
der durchschnittliche Aufenthalt der Container im Terminal als
weiterer informationeller Tatbestand festgelegt werden. Ent-

sprechend sind im folgenden der Brückeneinsatz, die zeitliche Gestaltung der Einsatzbereitschaft und die Verweildauer zu bestimmen.

Der Brückeneinsatz erfolgt an der Wasserseite. Er wirft die Fragestellungen auf, wieviele Containerbrücken je Schiff einzusetzen sind und ob Einzel- oder Doppelspiele realisiert werden sollen. Bei gegebener Brückenzahl ist die Beantwortung der ersten Frage abhängig von der jeweils gegebenen Auslastung der vorgehaltenen Liegeplätze. Ist die gesamte Kaianlage belegt, werden alle Containerbrücken tätig sein. Die Frage ihrer Verteilung auf die einzelnen Schiffe ist für die weitere Untersuchung dann irrelevant. Bei Unterbelegung entscheidet die Schiffsgröße in Verbindung mit ökonomischen Überlegungen über die Anzahl einzusetzender Geräte.

Im Hinblick auf die zu bestimmende maximal realisierbare Kapazität ist es vertretbar, von einer ausgelasteten Kaianlage auszugehen. Containerschiffe werden regelmäßig Laden und Löschen. Damit stellt sich die auf den Einsatz der einzelnen Brücke gerichtete zweite Frage nach Einzel- oder Doppelspiel. Für die weitere Arbeit ist die Entscheidung für oder gegen eine der beiden Formen von großer Bedeutung, da sie direkte Auswirkungen auf den Ablauf im Containerlager zeitigt, das die Lösch- und Ladecontainer im Takt der Containerbrücken aufzunehmen und abzugeben hat.

Doppelspiele zeichnen sich durch einen simultanen Lade- und Löschvorgang aus, wogegen Einzelspiele entweder aus einem Lösch- oder aus einem Ladevorgang bestehen - verbunden mit jeweils einer Leerbewegung des Gerätes. Dabei wird erst vollständig gelöscht, dann geladen. Die Erfahrungen des Untersuchungsterminals zeigen, daß Doppelspiele einen erheblich größeren organisatorischen Aufwand verursachen, der nicht zu rechtfertigen ist. Daher soll auch im Rahmen dieser Analyse von Einzelspielen ausgegangen werden.

Die zeitliche Gestaltung der Einsatzbereitschaft beeinflußt in direkter Weise das realisierbare Umschlagvolumen des Terminals und ist somit zu untersuchen. Dazu sind die Arbeitszeiten zu bestimmen. Dies gelingt sinnvoll nur in Anlehnung an

Tage	Schichtdauer in Stunden		Pausenzeiten je Schicht in Stunden		Arbeitszeit je Schicht in Stunden	Tägliche Arbeitsmöglichkeit in Stunden
Montag bis Freitag	06:50 – 15:00 15:00 – 23:10 23:10 – 06:50	8:10 8:10 7:40	11:00 – 11:30 19:00 – 19:30 03:00 – 03:30	0:30 0:30 0:30	7:40 7:40 7:10	22:30
Samstag	07:00 – 13:00 13:00 – 19:00 19:00 – 01:00 01:00 – 07:00	6:00 6:00 6:00 6:00	0:15 ohne Arbeitsunterbrechung		6:00 6:00 6:00 6:00	24:00
Sonntag und Feiertage	07:00 – 13:00 13:00 – 19:00 19:00 – 01:00 01:00 – 07:00	6:00 6:00 6:00 6:00	. . . .	0:30 0:30 0:30 0:30	5:30 5:30 5:30 5:30	22:00
1) Neujahrstag 2) Ostersonntag 3) Pfingstsonntag 4) Tag der Arbeit 5) 1. Weihnachtstag	K e i n e A r b e i t s m ö g l i c h k e i t					
Tag vor 1 – 5	07:00 – 12:30	5:30	–		5:30	05:30

Tabelle 18: Arbeits- und Pausenzeiten im Hamburger Hafen.

reale Gegebenheiten. Daher wird auf die entsprechenden Daten des Untersuchungshafens zurückgegriffen, wie sie Tabelle 18 [JEHLE, Arbeitszeitgestaltung, 41] zeigt.

Geht man von 365 Tagen je Jahr aus und veranschlagt dabei je 52 Samstage und Sonntage, vernachlässigt ferner die Möglichkeit, daß drei der Tage ohne Arbeitsmöglichkeit - und der jeweilige Tag davor - ein Samstag oder Sonntag sein könnten, dann ist ein Arbeitsjahr folgendermaßen aufteilbar. Es besteht gemäß Tabelle 18 aus fünf Tagen ohne Arbeitsmöglichkeit, fünf Tagen mit nur einer Schicht (mögliche Arbeitszeit je 5.5 Stunden), fünfzig (52 minus 2) Samstagen (mögliche Arbeitszeit je 24 Stunden), fünfzig (52 minus 2) Sonntagen (mögliche Arbeitszeit je 22 Stunden) und 255 (365 minus 2 mal 50 minus 2 mal 50) Werktagen (mögliche Arbeitszeit je 22.5 Stunden).

Damit ist abschließend die Verweildauer zu bestimmen. Die Verweildauer der Container, also der Zeitraum ihres Aufenthalts in den Grenzen des Terminals, ist zweifach relevant. Einerseits ist sie mitbestimmend bei der Stellplatzzuweisung der Container im Lager. Dieser Aspekt ist hier nicht zu untersuchen. Zum zweiten determiniert die Verweildauer mit dem realisierbaren Umschlagvolumen die vorzuhaltende Stellflächenkapazität.

Beide Ziele setzen unterschiedliche Anforderungen an die Quantifizierung dieser Einflußgröße. Der Zweck dieses Abschnittes rechtfertigt die Verwendung eines globalen Durchschnittswertes. Analysiert man die durchschnittlichen Verweildauern realer Terminals wird deutlich, daß die gesuchte Größe terminalspezifisch ist, abhängig beispielsweise vom Fahrtgebiet, dem der Terminal zuzuordnen ist, von der Zahl und Art der ihn anlaufenden Linien, der binnenländischen Kundenstruktur und ähnlichem.

Entsprechend findet man einen Wertebereich vor, der zwischen einem und über zehn Tagen schwankt [CONTAINER, Comparison, 85; DALLY, Terminals, 2-11]. Es ist daher sinnvoll auf die durchschnittliche Aufenthaltsdauer im untersuchten Terminal zurückzugreifen. Sie ergab sich aus der IMPORT-ANALYSE 2 mit 3.37 Tagen.

233 ZUSAMMENSPIEL UND KAPAZITÄT

In den vorangegangenen Abschnitten wurden die Einzeleinflüsse, mit denen der Terminal auf den Untersuchungsgegenstand einwirkt, dargestellt und quantifiziert. An dieser Stelle soll geprüft werden, welche Zusammenhänge zwischen den Teilgrößen bestehen und wie sie zu bewerten sind. Dabei ist primär der erforderliche Stellplatzbedarf als Einflußnahme auf die Gestaltung des Lagerplatzbereichs zu bestimmen.

Die täglich vorzuhaltene Stellplatzkapazität ist direkt abhängig vom realisierbaren Umschlagvolumen - bezogen auf die Einsatztage - und von der Verweildauer der Container. Das Stellplatzpotential ist so zu gestalten, daß auch Spitzenbelastungen aufgefangen werden können. Daher ist es gerechtfertigt, hinsichtlich Umschlag - und somit auch der Einsatzzeit - vom maximal Erreichbaren auszugehen. Somit sind diese Einflüsse determiniert, und die gesuchte Größe ist allgemein als eine Funktion der Verweildauer darstellbar.

(1) $K_{ST} = f(D_V)$

  K_{ST} : täglich vorzuhaltene Stellplatzkapazität in TEU

  D_V : Verweildauer der Container in Tagen

Werden Umschlag und Einsatzzeit in der eben genannten Weise berücksichtigt, gilt

(2) $K_{ST} = \dfrac{UV}{T_{AT}} \cdot D_V$

  UV : maximaler Umschlag in TEU je Jahr

  T_{AT} : maximale Einsatzzeit in Tagen je Jahr

Die Zeit T_{AT} ergibt sich aus der Differenz der Jahrestage und der Tage ohne Arbeitsmöglichkeit nach Tabelle 18 mit

(3) $T_{AT} = 365 - 5$

Der Umschlag UV ist seinerseits abhängig von der Arbeitszeit und der Anzahl der eingesetzten Containerbrücken, von den Brückenbewegungen, Containerart und -größe, vom Anteil der verschiedenen Größen und Arten am gesamten Containeraufkommen und von ihrem unterschiedlichen Flächenbedarf. Somit ist

(4) $\quad UV = T_B \cdot B \cdot \sum_{i=1}^{i=2} \sum_{j=1}^{j=2} A_{Li} \cdot F_i \cdot M_{ij} \cdot A_{Rj}$

- T_B : Arbeitszeit der Containerbrücken in Stunden je Jahr

- B : Anzahl eingesetzter Containerbrücken

- i : Containerlänge in Fuß, $\begin{cases} 1, \text{ falls 20-Fuß} \\ 2, \text{ falls 40-Fuß} \end{cases}$

- j : Containerrichtung, $\begin{cases} 1, \text{ falls Ladecontainer} \\ 2, \text{ falls Löschcontainer} \end{cases}$

- A_{Li} : prozentualer Anteil der i-Container am Containeraufkommen des Untersuchungsterminals

- F_i : Flächenumrechnungsfaktor für i-Container auf TEU-Basis

- M_{ij} : Brückenbewegungen in i-Containern der j-Richtung je Stunde

- A_{Rj} : prozentualer Anteil der Container mit j-Richtung am Containeraufkommen des Untersuchungsterminals

Dabei ist

(5) $\quad T_B = T_{AH} - T_{AH} \cdot T_{BA}$

- T_{AH} : mögliche Arbeitsstunden eines Jahres

- T_{BA} : Ausfallzeit der Containerbrücken in Prozent der Arbeitsstunden

Aus Abschnitt 232 ergibt sich T_{AH} mit 8065 Stunden und D_V mit 3.37 Tagen. Im Abschnitt 231 wurde T_{BA} bei maximaler Last mit 30 Prozent festgelegt, B mit vier Brücken angesetzt und nach Tabelle 17 das Verhältnis $M_{11} : M_{12} : M_{21} : M_{22}$ mit 23 : 25 : 20 : 21 bestimmt.

Das Flächenverhältnis $F_1 : F_2$ ist nach Tabelle 4 1 : 2. Der Anteil der 20'- zu 40'-Containern $A_{L1} : A_{L2}$ kann aus Tabelle 6 mit 0.7250 : 0.2656 errechnet werden. Die Lade- und Löschcontainer - $A_{R1} : A_{R2}$ - teilen sich in 0.4518 : 0.5482 [DENTON, Containerisation 1980, 63] auf. Durch Einsetzen dieser Werte ergibt sich aus (2), (3), (4) und (5)

(6) $\quad K_{ST} = \dfrac{640992 \cdot 1891}{360} \cdot 3.37$

$\qquad\quad = 1780.533859 \cdot 3.37$

$\qquad\quad = 6000.399104$

Damit sind täglich 6001 Stellplätze TEU in der skizzierten Umschlaganlage vorzuhalten. Dieser Wert deckt eine maximale Auslastung ab, die bei Spitzenbelastungen durchaus auftreten kann.

24 LAGERPLATZBEREICH

Der Lagerplatzbereich kann im Vergleich zum Terminal als Umschlagort im engeren Sinne bezeichnet werden. Hier werden die Container durch die Transportmittel - Bahn, Straßenfahrzeuge, Terminaltransportmittel - angeliefert und abgeholt, hier erfolgt das physische Ein- und Auslagern, und damit verbunden das Umstauen der Behälter. Der Lagerplatzbereich ist so gesehen der Ort, an dem die Umstauproblematik physisch ralisiert wird.

Analysiert man das Lager, dann sind für das weitere Vorgehen drei Aspekte von Interesse. Zunächst ist die Dimensionierung des Stapelbereichs zu bestimmen, womit in erster Linie die räumlichen Abmessungen gemeint sind, aber auch die Bestückung mit Portalkranen verstanden werden soll. Hierbei werden im wesentlichen die Einflüsse des Terminals berücksichtigt.

Die Flußrichtungen der Container, aber auch die Beeinflussung durch die Transportmittel wirken prägend auf die Struktur des Lagerbereichs, die an zweiter Stelle zu beschreiben ist. Ziel der abschließenden Untersuchung des Arbeitsablaufs ist es darzustellen, inwieweit das durch Dimensionierung und Struktur determinierte Lager einen eigenen Einfluß auf die Umstauproblematik ausübt.

241 DIMENSIONIERUNG

Es ist allgemein üblich, Portalkranbereiche im Terminal parallel zur Wasserseite zu errichten [AUTORENKOLLEKTIV, Container-Transportsystem, 149; KRAUSE, Containerumschlag, 272 ff.; LYGO, Rail-mounted, 57; WYREMBA, Container-Umschlagsysteme, Anlage 17, 18]. Für die Abmessungen ist in erster Linie der tägliche Bedarf an Stellplätzen relevant, der in Gleichung (6) weiter oben mit 6001 TEU angegeben wurd.

Diese sind nun in Längen-, Breiten- und Höhenpositionen umzusetzen. Im Hinblick auf die heute realisierten Systeme werden drei Varianten, die vier-, fünf- und sechslagige Stapelung (jeweils zuzüglich Fahrlage) betrachtet. Die Höhenpositiohnen, angegeben in Lagen, sind somit bestimmt.

Die Längenpositionen ergeben sich aus der Containerlänge TEU - siehe Tabelle 4 - zuzüglich eines erforderlichen Zwischenraumes von einem halben Meter mit 6.56 Metern. Bei der in Abschnitt 231 zugrundegelegten Kailänge von 700 Metern sind somit maximal 107 Längenpositionen realisierbar.

Die noch fehlenden 8'-Breitenpositionen sind jetzt durch einfache Division zu bestimmen, wie in Tabelle 19 dargestellt. Dabei war lediglich die Forderung nach Ganzzahligkeit der Positionen zu beachten, ferner sollte die Stellplatzzahl nur geringfügig von der Vorgabe abweichen. Tabelle 19 enthält die der weiteren Analyse zugrundeliegenden Abmessungen.

Hinsichtlich der einzusetzenden Portalkräne ist zuerst zu prüfen, ob die berechneten Bereichsabmessungen krantechnisch realisiert werden können. Dies kann sowohl für die Höhe [LYGO, Rail-mounted, 59], als auch für die Breite [MATSONISATION, Handling, 39] bejaht werden. In bezug auf die technische Leistungsfähigkeit der Portalkrane können keine generalisierenden Aussagen getroffen werden, da es sich regelmäßig um Einzelanfertigungen handelt, die den Wünschen der Besteller angepaßt werden und entsprechend variieren. Tabelle 20 [EUROKAI, Informationsmaterial] zeigt als Beispiel die Daten eines Portalkranes des Untersuchungsterminals.

Die Frage nach der Zahl der in dem beschriebenen Lager

Variante	Berechnung					angenommene Positionen		
	Stellplätze in TEU	Höhen-lagen		Längen-positionen	Breite	Länge in 20-Fuß	Breite in 8-Fuß	Höhe in Lagen
4-lagig	6001 6420 5992	4 4 4	: = =	107 : 107 × 107 ×	= 14.02 × 15 × 14	107	14	4
5-lagig	6001 5885 6420 6000	5 5 5 5	: = = =	107 : 107 × 107 × 100 ×	= 11.22 × 11 × 12 × 12	100	12	5
6-lagig	6001 5778 6420 6000	6 6 6 6	: = = =	107 : 107 × 107 × 100 ×	= 9.35 × 9 × 10 × 10	100	10	6

Tabelle 19: Bestimmung der Abmessungen des Lagerplatzbereichs bei vier- bis sechslagiger Stapelung in Abhängigkeit von den täglich vorzuhaltenen Stellplätzen TEU.

Leistungsart	Einheit	Leistung
Tragkraft	Tonnen	45
Spur	Meter	35.3
Radstand	Meter	16
Hubhöhe	Meter	15
Containerreihen (Breite innerhalb des Portals)	8-Fuß	11
Container-agen ohne Fahrlage	8-Fuß/8'6''	4
Heben und Senken	Meter/Minute	56
Katzfahren	Meter/Minute	150
Drehen des Spreaders	Umdrehungen/Minute	2
Kranfahren	Meter/Minute	120
Beschleunigungs-, Bremszeit auf/aus Höchstgeschwindigkeit des Kranes	Sekunde	9
Einlagern, Auslagern, Umstauen	Bewegungen/Stunde	22

Tabelle 20: Technische Daten einer Lagerplatzbrücke.

einzusetzenden Portalkrane stellt ein interessantes Optimierungsproblem dar, dessen Lösung aber den Rahmen der vorliegenden Analyse überschreiten würde. Diese Aussage ist empirisch und bedienungstheoretisch begründbar.

Wie in den vorangegangenen Abschnitten dargelegt wurde, wird eine schiffsweise Betrachtung der An- und Auslieferung der Import-FCL-Straßencontainer vorgenommen. Eine Mengenbetrachtung rechtfertigt hier die Annahme, sowohl für das Einstauen, als auch für das Ausliefern nur je einen Kran in einem Schiffsbereich einzusetzen. Diese Aussage kann auch in eine Modellbetrachtung einbezogen werden, da es bedienungstheoretisch sinnvoll erscheint "... ein Wartesystem mit s Bedienungskanälen in s unabhängige einkanalige Bedienungssysteme zu zerlegen ..." [KRAMPE, Bedienungsmodelle, 127].

242 STRUKTUR

Der vorzuhaltene Lagerbereich ist so zu strukturieren, daß er den Anforderungen, die sich aus den Flußrichtungen der Container ergeben, und den Transportmitteln gerecht wird. Als Transportmittel, die in direkten Kontakt zum Lager treten können, kommen lediglich die Terminaltransportmittel, Straßenfahrzeuge und Bahn in Frage. Für die Bahnabfertigung werden auf der einen Bereichsseite ein oder mehrere Ladegleise über die gesamte Lagerlänge vorgehalten. Bei den vorgegebenen 107 und 100 Längenpositionen ist sichergestellt, daß auch Ganzzüge ohne Rangieren bearbeitet werden können.

Für die straßengebundenen Fahrzeuge wird auf der gegenüberliegenden Seite - ebenfalls über die gesamte Bereichslänge - eine ein- oder mehrspurige Ladestraße eingerichtet. Die Zahl der Gleise und Spuren ist dabei terminalabhängig und wird konkret bestimmt durch die Länge der Kragarme.

Wie bereits dargestellt wird das Gesamtlager nun nach Flußrichtung und Abholung in einzelne Sektoren aufgeteilt, beispielsweise Import-FCL-Straße, weiter gegliedert nach Schiffen, im Beispiel nach Löschschiffen. Eine besondere Betrachtung erfordern dabei die Bahn-Container. Es wurde schon gesagt, daß sie über die gesamte Länge des Lagers parallel zum Ladegleis eingestaut und ausgelagert werden.

Daher ist festzustellen, wieviele Breitenpositionen für die Bahn reserviert werden müssen, die im Rahmen der weiteren Betrachtung dann nicht mehr zur Verfügung stehen. In Gleichung (6) des Abschnittes 233 wurde der tägliche Umschlag mit 1781 TEU angegeben. In Abschnitt 223 wurde der Bahnanteil mit 23.10 Prozent bei einer durchschnittlichen Verweildauer von 2.22 Tagen ermittelt.

Aus diesen Daten folgt, daß täglich 914 TEU Stellplätze für Bahncontainer vorzuhalten sind. Dividiert man diesen Wert durch die in Tabelle 19 angegebenen Längen- und Höhenpositionen, so erhält man als Ergebnis, daß für die vierlagige Variante drei, für die fünf- und sechslagige je zwei Breitenpositionen freigehalten werden müssen.

243 ARBEITSABLAUF

Der Arbeitsablauf im Containerlager wird bestimmt durch die Tätigkeiten, die der Portalkran hier ausführt. Tabelle 20 gibt einen Überblick über die möglichen Grundtätigkeiten mit ihren verschiedenen Ausprägungsformen. Damit ist jede Bewegung – Einstauen, Auslagern, Umstauen – vollständig zu beschreiben.

Es ist nun zu prüfen, inwieweit diese Einzeltätigkeiten für die untersuchte Fragestellung relevant sind. Betrachtet man zunächst das Einstauen, dann ist festzustellen, daß im Lager jeweils schiffsbezogen eine der Löschmenge genau entsprechende Zahl von Stellplätzen bereitgehalten wird. Unabhängig vom jeweiligen Dispositionsverfahren wird damit jeder reservierte Stellplatz einmal angesteuert. Da angenommen werden kann, daß bei verschiedenen Dispositionen die einzelnen Plätze in unterschiedlicher Reihenfolge belegt werden, gibt es - basierend auf der eben getroffenen Feststellung - nur eine relevante Tätigkeit. Da für alle Stauverfahren die Summe aus Katzfahr- und Hub- oder Senkbewegungen, ebenso das Spreader Aufsetzen und Lösen und die Beschleunigungs- und Abbremsphasen (Katze und Vertikalbewegung) gleich sein muß, können sich beim

Grundtätigkeit	Ausprägungsformen
Kranverfahren	Richtung 1, 2 Leer, Last
Katzfahren	Richtung 3, 4 Leer, Last
Vertikalbewegung Spreader	Heben, Senken Leer, Last
Spreader drehen	Leer, Last
Spreader aufsetzen, lösen	Verriegeln, Entriegeln
Spreader verstellen	Kleiner, Größer
Kran beschleunigen, abbremsen	Richtung 1, 2 Leer, Last
Katze beschleunigen, abbremsen	Richtung 3, 4 Leer, Last
Vertikalbewegung Spreader, beschleunigen, abbremsen	Heben, Senken Leer, Last

Tabelle 21: Grundtätigkeiten und Ausprägungsformen des Arbeitsablaufs eines Stapelkranes.

Einstauen Unterschiede lediglich hinsichtlich des Kranverfahrens um einzelne Längenpositionen ergeben.

Jedes Dispositionsverfahren wirkt primär auf das Einstauen, seine Güte wird aber gemessen an der Zahl der beim Auslagern erforderlichen Umstaubewegungen. Dabei werden in praxi die Umstauer unabhängig von der Zusammensetzung der Teilbewegungen gezählt. Es ist sinnvoll, sich dieser Vorgehensweise anzuschließen, insbesondere da eine Aufsplitterung in Einzelbewegungen bei Zugrundelegung gleicher Umstaukriterien zu keinen wesentlich abweichenden Ergebnissen führen kann.

Für die weitere Analyse kann der Arbeitsablauf daher auf das Kranverfahren beim Einlagern und auf Umstaubewegungen beim Auslagern beschränkt werden.

3. Kapitel

ÖKONOMISCHE ZIELSETZUNG DES CONTAINERUMSCHLAGES

31 ZIELANALYSE

Die Wirkung eines ablauforganisatorischen Dispositionsverfahrens kann im Rahmen einer betriebswirtschaftlichen Untersuchung nicht ausschließlich an technisch orientierten Zielerreichungsgraden, ausgedrückt beispielsweise in Kranverfahren und Umstauen, gemessen werden. In diesem Sinne ist es auch nicht ausreichend, nachzuweisen, daß eine Umstaubewegung Kosten verursacht, zwei Bewegungen einen höheren Kostenanteil repräsentieren, und umgekehrt eine Verringerung der Umstauzahlen kostensenkend wirkt.

Vielmehr ist eine, den Unternehmenszielen adäquate Quantifizierung der genannten Maßgrößen erforderlich, da nur so der verfahrensspezifische Beitrag zur ökonomischen Zielerreichung aufgezeigt werden kann. Als Voraussetzung dafür ist eine Zielanalyse notwendig.

Grundsätzlich kann unternehmerisches Handeln auf die Erreichung einer Vielzahl möglicher Zielsetzungen gerichtet sein. So können beispielsweise materiale oder Sachziele, nominale oder individualistische Unternehmerziele unterschieden werden [BIDLINGMAIER, Unternehmerziele, 42 f.]. Auch sind außerökonomisch determinierte Zielvorstellungen, wie Prestige und Macht, ethische und soziale Prinzipien denkbar [LÖFFELHOLZ, Betriebswirtschaftslehre, 178].

"Da alles menschliche Handeln auf Ziele gerichtet ist, muß die Betriebswirtschaftslehre als praktische Wissenschaft ihre Probleme an den Zielen auswählen, die die Menschen, die die unternehmerischen Entscheidungen zu treffen haben, verfolgen. Diese Ziele müssen empirisch festgestellt werden und dürfen nicht aus Normen oder ideologischen Vorstellungen abgeleitet werden ..." [WÖHE, Betriebswirtschaftslehre, 30].

Die Vielfalt der möglichen Zielsetzungen [BIDLINGMAIER, Unternehmerziele; MARX, Wirtschaftsgesinnung, 6387 ff.] wird durch diese Aussage bereits eingeschränkt. Es ist danach festzustellen, daß "... das Handeln von Betriebswirtschaften in marktwirtschaftlichen Systemen ... in der Regel vom erwerbswirtschaftlichen Prinzip geleitet (wird). Es beinhaltet für

die Betriebswirtschaft das Ziel, Einkommen für jene Haushalte
zu erwirtschaften, die das erforderliche Eigenkapital zur Verfügung stellen" [HEINEN, Entscheidungslehre, 47]. Damit wird
"... die aus der Erfahrung abgeleitete oberste Zielsetzung der
Unternehmer, d. h. die langfristige Maximierung des Gewinns
..." [WÖHE, Betriebswirtschaftslehre, 33] beschrieben. Dieses
Ziel darf somit auch als Auswahlprinzip des Betreibers eines
privatwirtschaftlich geführten Containerterminals angesehen
werden.

Gewinnmaximierung - dies gilt auch für die weiter oben
genannten Ziele - ist aber nur als genereller Imperativ, der
nicht unmittelbar in Aktivitäten umgesetzt werden kann, aufzu-
fassen. Er ist als Spitze der unternehmerischen Zielpyramide
interpretierbar. Hieraus müssen stufenweise über Ziel-Mittel-
Entscheidungen operationale Zielgrößen oder singuläre Imperat-
ive abgeleitet werden [HEINEN, Entscheidungslehre, 45 f.;
BAMBERG, Entscheidungslehre, 25].

"Ein singulärer Imperativ schreibt eine ganz bestimmte
Handlung vor; er kann also unmittelbar in eine Aktivität über-
setzt werden" [BAMBERG, Entscheidungslehre, 25]. In diesem
Sinne ist die Zielsetzung der Gewinnmaximierung zu analysieren.

32 BEDEUTUNG DER KOSTEN

Häufig wird neben dem Gewinnstreben das Wirtschaftlichkeitsstreben als unternehmerische Zielsetzung berücksichtigt. Entsprechend der eben angeführten Ziel-Mittel-Entscheidungen ist
hierzu festzustellen: "... das Wirtschaftlichkeitsstreben ist
zwar kein dem Gewinnstreben gleichrangiges Unternehmensziel,
besitzt jedoch als Mittel zur Erreichung des Gewinnzieles ...
erhebliche Bedeutung. Das Wirtschaftlichkeitsprinzip fordert
eine möglichst sparsame Verwendung der verfügbaren Mittel bei
der betrieblichen Leistungserstellung und -verwertung" [HEINEN,
Entscheidungslehre, 48].

Diese Forderung kann mengen- und wertmäßig dargestellt
werden, als Streben nach Produktivität oder Kostenwirtschaftlichkeit [FÄSSLER, Kostenrechnungslexikon, 500]. "Handeln ge-

mäß dem Wirtschaftlichkeitsprinzip **besagt somit, daß** mit vorgegebenem Mitteleinsatz (Kostenbudget) **ein größtmöglicher Er**folg (Gewinn), bzw. ein vorgegebener **Erfolg mit geringstmögli**chem Mitteleinsatz zu erzielen ist" [FÄSSLER, Kostenrechnungslexikon, 500].

Diese Ableitung muß nun auf die der Analyse zugrundeliegende Unternehmungsart 'Containerterminal' bezogen werden. Ein Containerterminal im definierten Sinn ist ein Kaiumschlagsbetrieb, für dessen Leistungen prinzipiell die Entgelte des Kaitarifs des Untersuchungshafens verbindlich sind [TARIF, Kaiumschlagsbetriebe, 23 ff.].

Zwar sind hiervon Abweichungen möglich. "Für den Umschlag von Containern/Flats an Spezialanlagen gelten Sonderregelungen, die entweder aufgrund von Konferenztarifen oder aufgrund von Einzelabsprachen zwischen Konferenz/Reeder und dem Kaibetrieb zu vereinbaren sind" [TARIF, Kaiumschlagsbetriebe, 23]. Aber auch die so für den einzelnen Terminal ausgehandelten Tarife sind letztlich als ein vorgegebener Erfolg zu interpretieren.

Insofern erscheint es sinnvoll, entsprechend dem Wirtschaftlichkeitsprinzip eine Minimierung der Kosten anzustreben. An dieser Zielsetzung hat sich auch das zugrundeliegende ablauforganisatorische Dispositionsverfahren zu orientieren. Zu diesem Zweck ist eine Kostenanalyse durchzuführen, durch die die erforderlichen Kostenbestandteile erarbeitet, quantifiziert und daraus dann die Kosten für die im vorigen Kapitel abgeleiteten Maßgrößen 'Umstauer' und 'Kranverfahren' berechnet werden können.

33 DIE KOSTENELEMENTE

Die Kostenelemente sind qualitativ und quantitativ zu bestimmen. Der quantitative Teil wurde in Anlehnung an den Datenkranz des Untersuchungsterminals im Erhebungszeitraum gestaltet. Damit wird sichergestellt, daß die Kostengrößen dem Mengengerüst adäquat sind. Eine Einschränkung ist damit insofern nicht verbunden, als die angenommenen Werte den Angaben vergleichbarer praxisorientierter Studien entsprechen [KUNDER,

Warenumschlagknoten, 156 ff.].

Die qualitative Analyse konnte an zahlreichen Untersuchungen über die Kosten des Containerumschlags angelehnt werden [KOSTENRECHNUNGSSYSTEME, Transportketten; KRISCHER, Kosten; SCHUH, Seehafenverkehr; VERDON, Container-Umschlagplätze]. Bei der Bestimmung der Kosten je Leistungseinheit erfolgt dabei durchgängig eine Umlage der Bereithaltungs- oder fixen Kosten.

"Während die variablen Kosten je Leistungseinheit etwa gleich bleiben, verteilt sich die Gesamtheit der fixen Kosten bei zunehmender Beschäftigung auf immer mehr Einheiten, um schließlich bei voller Kapazitätsauslastung einen Minimalwert zu erreichen. Umgekehrt bedeutet Beschäftigungsrückgang Verteilung des Fixkostenblocks auf geringere Leistungsmengen und damit Kostenerhöhung je Leistungseinheit. Wenn auch dieses Phänomen nicht als spezielles 'Kostengesetz des Verkehrs' (Sax) interpretiert werden kann, so betrifft es doch die Verkehrsbetriebe in besonderem Maße" [BÖTTGER, Kostenrechnung, 33]. "Die herkömmliche Kalkulationsmethode in der Verkehrswirtschaft geht von der Vollkosten- oder der Durchschnittskostenrechnung aus" [BÖTTGER, Kostenrechnung, 51].

Dieser Vorgehensweise kann logisch nicht zugestimmt werden, da die Bereithaltungskosten eindeutig unabhängig sind von der Anlagennutzung. "Die übliche Fixkostenverrechnung bezeichnet K. Rummel als 'Scheinmathematik' " [KILGER, Plankostenrechnung, 87].

Trotz dieses Einwandes bleibt festzuhalten, daß im Verkehrssektor die Umlage der Bereithaltungskosten, wie man in den oben genannten Quellen sehen kann, nach wie vor üblich ist. Daher soll durch die folgenden Ausführungen die Möglichkeit gegeben werden, beide Wege nachzuvollziehen.

331 BEREITHALTUNGSKOSTEN

Basis der folgenden Ausführungen ist die Anlage des untersuchten Terminals, die - entsprechend den Definitionen des Abschnittes 241 - Abmessungen von 70 Längen-, 11 Breiten- und vier Höhenpositionen aufweist und mit drei Stapelkranen bestückt ist.

Zu den auf Jahresbasis zu bestimmenden Bereithaltungskosten einer solchen Anlage zählen die kalkulatorischen Abschreibungen, Unterhaltungskosten und Zinsen, ferner Versicherung und die Sammelposition Sonstiges [KOSTENRECHNUNGSSYSTEME, Transportketten, 75 f.; KRISCHER, Kosten, Abschnitt 2.2 und 3.28; SCHUH, Seehafenverkehr, 96 ff.].

Bei den kalkulatorischen Abschreibungen kann zwischen dem nutzungsbedingten und dem nutzungsunabhängigen Teil unterschieden werden. Diese Unterteilung wird bei den Platzbrücken angewandt, wo die Relation Zeit- zu Gebrauchsverschleiß mit 33 : 66 der Anschaffungskosten angenommen wird.

Dies gilt ebenfalls für die kalkulatorischen Unterhaltungskosten. Sie "... beinhalten denjenigen Güterverzehr, der zur laufenden Erhaltung des betriebsfähigen Zustandes (= Instandhaltungskosten) sowie der Wiederherstellung der Betriebsbereitschaft (= Instandsetzungskosten) notwendig ist" [SCHUH, Seehafenverkehr, 97]. Die Nutzungsdauer der Anlagenteile mit den daraus resultierenden Abschreibungssätzen, sowie die verwendeten Prozentsätze bei den Unterhaltungskosten basieren auf Erfahrungswerten des Untersuchungsterminals.

Die kalkulatorischen Zinsen werden mit acht Prozent, bezogen auf den halben Anschaffungswert der Anlage, in Ansatz gebracht. Die Versicherungskosten sind mit einem Prozent der vollen Investitionssumme zu berücksichtigen. Die Sammelposition Sonstiges enthält Vermögenssteueranteile und dergleichen.

"Die Verwaltungskostenanteile ... bleiben im Seehafen außer Ansatz, da ihre Schlüsselung auf einzelne Umschlagaggregate mit zu großer Willkür behaftet ist" [SCHUH, Seehafenverkehr, 98].

Tabelle 22 enthält jetzt die einzelnen Positionen. Für die betrachtete Anlage ergeben sich danach Bereithaltungskosten in Höhe von 1269579 DM jährlich.

332 NUTZUNGSABHÄNGIGE KOSTEN

Die nutzungsabhängigen Kosten "... umfassen die variabel ver-

Anlagenteil	Anschaffungskosten in DM	Lebensdauer in Jahren	Abschreibung %	Abschreibung DM	Zinsen in DM	Unterhaltung %	Unterhaltung DM	Versicherung %	Versicherung DM	Sonstiges in DM
3 Krane mit automatischer Steuerung	7995000	20	5.00	131918	319800	5.0	131918	1	79950	150306
Kranbahn (Puffer, Sicherungsanlage)	879352	15	6.67	58653	35174	1.5	13190	–	–	–
Kranschiene, Schleifleitung	493000	25	4.00	19720	19720	1.0	4930	–	–	–
Datenübertragung	208000	15	6.67	13874	8320	6.0	12480	–	–	–
Energieversorgung	160000	15	6.67	10672	6400	1.0	1600	–	–	–
Pflasterung (Lager, Ladestraße)	946223	25	4.00	37849	37849	3.0	28387	–	–	–
Gleisanlage Bahn mit Weiche	335000	25	4.00	13400	13400	3.0	10050	–	–	–

Anlagenteil	Anschaffungskosten in DM	Lebensdauer in Jahren	Abschreibung %	DM	Zinsen in DM	Unterhaltung %	DM	Versicherung %	DM	Sonstiges in DM
Gleisplattenbefestigung	221400	20	5.00	11070	8856	3.0	6642	–	–	–
Entwässerung	158910	20	5.00	7946	6356	0.4	636	–	–	–
Umzäunung	51750	15	6.67	4119	2470	0.4	247	–	–	–
Beleuchtung, Markierungen	73675	10	10.00	7368	2947	1.0	737	–	–	–
Sonstige Positionen	337500	10	10.00	33750	13500	1.0	3375	–	–	–
Summe	11859810	–	–	350339	474792	–	214192	–	79950	150306

Tabelle 22: Bereithaltungskosten eines Stapelkranbereichs, aufgeschlüsselt nach relevanten Kostenelementen.

verrechneten und auf den vorgelagerten Kostenträger 'Betriebsstunde' umgelegten Kostenteile" [SCHUH, Seehafenverkehr, 98]. Dazu zählen die leistungsbedingten kalkulatorischen Abschreibungen und Unterhaltungskosten, Energiekosten, Kosten für Öle und Schmiermittel, sowie Personalkosten [KOSTENRECHNUNGSSYSTEME, Transportketten, 75 f.; KRISCHER, Kosten, Abschnitt 2.2 und 3.2.8; SCHUH, Seehafenverkehr, 98 f.].

Die Sätze der Abschreibung und Unterhaltung beziehen sich auf den Anschaffungswert der Anlage. Man erhält sie "... durch Division der dem Gebrauchsverschleiß unterworfenen Anteile ... der Anlagen durch die betriebliche Totalkapazität in Stunden" [SCHUH, Seehafenverkehr, 98]. Die Gesamt-Betriebsstunden der Anlage werden in praxi an den Platzbrücken orientiert und mit 30000 Stunden veranschlagt. Bei einer Lebensdauer von 20 Jahren ergibt sich ein rechnerischer Anteil von 1500 Stunden je Jahr.

Die angesetzten Kosten für Energie, Öle und Schmiermittel sind Erfahrungswerte des Untersuchungsterminals in DM je Stunde und Kran. Problematisch ist die Einordnung der Personalkosten, da sie teilweise in der Literatur den Bereithaltungskosten zugerechnet werden [SCHUH, Seehafenverkehr, 97]. Da das Personal im Terminal aber variabel zugeordnet, auch für andere Tätigkeiten eingesetzt wird [JEHLE, Arbeitszeitgestaltung, 66], ist eine Einordnung der Personal- als nutzungsabhängige Kosten gerechtfertigt [KOSTENRECHNUNGSSYSTEME, Transportketten, 81 f.].

Dabei wird ein gewichteter durchschnittlicher Fahrerlohn einschließlich Lohnnebenkosten verwendet. Auf der Basis des Jahres 1978 ist für Montag bis Freitag erste bis dritte Schicht ein Durchschnittslohn einschließlich Nebenkosten von 27.50 DM, am Samstag von 32 DM und am Sonntag von 41.75 DM je Stunde zu veranschlagen. Zur gleichen Zeit betrug der Anteil der werktäglichen ersten bis dritten Schichten 77.2, der der Samstagsschichten 11.2 und der der Sonntagsschichten 11.6 Prozent an den Wochenschichten insgesamt [JEHLE, Arbeitszeitgestaltung, 49]. Der gewichtete durchschnittliche Fahrerlohn mit Nebenkosten ergibt sich somit zu 29.66 DM je Stunde.

Die insgesamt anfallenden nutzungsabhängigen Kosten der Stapelkran-Anlage können jetzt Tabelle 23 entnommen werden.

34 KOSTEN DES UMSTAUENS UND VERFAHRENS

Aus den Kostenelementen der beiden vorhergehenden Abschnitte lassen sich jetzt die Kosten des Umstauens und des Kranverfahrens ableiten. Da, wie in Abschnitt 33 erläutert, die Werte mit und ohne Fixkostenumlage berechnet werden sollen, sind zunächst die Gesamtkosten je Stunde zu ermitteln.

Sie ergeben sich aus der Summe der nutzungsabhängigen oder variablen Kosten und der auf 1500 jährliche Betriebsstunden verteilten Bereithaltungs- oder Fixkosten. Diese Gesamtkosten der Anlage in Höhe von 1514.13 DM sind auf den einzelnen Kran und auf dessen Stundenproduktivität zu beziehen. Der letztgenannte Wert ist Tabelle 20 mit 22 Bewegungen - Einstauen, Auslagern, Umstauen - je Stunde zu entnehmen. Damit ergeben sich die durchschnittlichen Bewegungskosten mit 22.94 DM oder 10.12 DM ohne Umlage der Fixkosten.

Erfahrungswerte des Terminals haben aber gezeigt, daß das Umstauen - beispielsweise wegen regelmäßig kürzerer Wege - mit geringerer Krantätigkeit verbunden ist als das Ein- und Auslagern. Darum wird in praxi für diese Bewegungen ein zehnprozentiger Zuschlag, für das Umstauen ein gleichhoher Abschlag auf den Durchschnittswert angenommen. Ein Umstauer verursacht danach Kosten in Höhe von 20.65 DM oder 9.11 DM ohne Fixkostenumlage.

Tabelle 24 zeigt die geschilderten Zusammenhänge noch einmal im Überblick. Waren die Umstauer der Bewertungsmaßstab für die Dispositionsverfahren im Hinblick auf das Auslagern, so wurde weiter oben für das Einstauen der Container die Relevanz der Maßeinheit 'Kranverfahren' nachgewiesen. Da keinerlei anderslautende empirische Erhebungen vorliegen, wird angenommen, daß sich die Kosten für das Verfahren um eine 20'-Position als Produkt aus der für das Fahren erforderlichen Zeit und dem jeweiligen Kostensatz (mit oder ohne Fixkosten) je Kran und Stunde ergeben.

Kostenart	Berechnung	Betrag in DM/Stunde
Abschreibung	Anschaffung x % Gebrauchsverschleiß / Lebensdauer 7995000 x 0.66 / 30000	175.89
Unterhaltung		175.89
Energie	35 DM je Stunde x 3 Krane	105.00
Öle und Schmiermittel	11 DM je Stunde x 3 Krane	33.00
Personal	29.66 DM/Stunde x 3 Krane x 2 Fahrer	177.96
Summe	-	667.74

Tabelle 23: Nutzungsabhängige Kosten eines Stapelkranbereichs, aufgeschlüsselt nach relevanten Kostenelementen.

Kostenart	Einheit	Krananlage	Kran
Fixkosten		1269579	423193
Variable Kosten	DM/Jahr	1001610	333870
Gesamtkosten		2271189	757063
Fixkosten		846.39	282.13
Variable Kosten	DM/Stunde	667.74	222.58
Gesamtkosten		1514.13	504.71
Gesamtkosten	DM/Durch-	-	22.94
Variable Kosten	schnittsbewegung	-	10.12
Gesamtkosten	DM/Ein- und	-	25.23
Variable Kosten	Auslagern	-	11.13
Gesamtkosten	DM/	-	20.65
Variable Kosten	Umstauer	-	9.11
Gesamtkosten	DM/	-	1.54
Variable Kosten	Kranverfahren	-	0.68

Tabelle 24: Die Kosten des Umstauens und Kranverfahrens im Zusammenhang der Kostenanalyse.

Bei der Ermittlung der Zeit wird der Weg von einer zur nächsten Position betrachtet. Dieser Fall tritt in praxi beim Einlagern am häufigsten auf, ist zugleich auch der ungünstigste, da mit zunehmender Fahrstrecke sich die Beschleunigungs- und Abbremsphase auf immer mehr Positionen verteilen, und somit die Zeit für das Zurücklegen einer Position kleiner werden würde.

Die zu fahrende Strecke ergibt sich aus Abschnitt 241 mit 6.56 Metern. Die erforderlichen Krandaten - Geschwindigkeit, Beschleunigungs- und Bremsleistung - können aus Tabelle 20 ersehen werden. Daraus folgt, daß Brems- gleich Beschleunigungszeit und Brems- gleich Beschleunigungsweg ist. Aus den gegebenen Werten kann nun nach dem Geschwindigkeits-Zeit-Gesetz [DORN, Physik, 23] mit

(7) $\quad v = a \cdot t$

v : Geschwindigkeit in Metern je Sekunde

a : Beschleunigung in Metern je Sekunde zum Quadrat

t : Zeit in Sekunden

die Beschleunigung mit $0.\overline{2}$ Metern je Sekunde zum Quadrat bestimmt werden. Nach dem Weg-Zeit-Gesetz [DORN, Physik, 23] mit

(8) $\quad s = \frac{1}{2} \cdot a \cdot t^2$

s : Weg in Metern

errechnet sich s zu neun Metern. Dies bedeutet, daß aus dem Stand die zugrundegelegte Geschwindigkeit des Kranes - 120 Meter je Minute oder zwei Meter je Sekunde - bei der errechneten Beschleunigung nach neun Sekunden, in denen neun Meter gefahren wurden, erreicht ist. Es wird aber nur eine Strecke von 6.56 Metern gefordert, so daß diese Geschwindigkeit gar nicht realisiert werden kann.

Da der Bremsweg gleich dem Beschleunigungsweg ist, muß demzufolge errechnet werden, nach welcher Zeit t der halbe Weg s (gleich 3.28 Meter) zurückgelegt wird. Löst man Gleichung (8) nach t auf, erhält man durch Einsetzen die gesuchte Größe mit 5.43 Sekunden. Nach dieser Zeit ist die Hälfte des 6.56

Meter langen Weges gefahren, jetzt setzt der Bremsvorgang ein, der – da Brems- gleich Beschleunigungszeit – nach ebenfalls 5.43 Sekunden beendet worden ist. Für das Verfahren um eine Position werden also 10.86 oder rund 11 Sekunden benötigt.

Multipliziert man diesen Wert mit den auf Sekunden umgerechneten stündlichen Krankostensätzen – beispielsweise 222.58 DM bezogen auf 3600 Sekunden gleich 0.062 DM je Sekunde ohne Fixkosten – ergeben sich die Kosten des Kranverfahrens um eine Position. Sie betragen 1.54 DM oder 0.68 DM ohne Umlage des Fixkostenblockes.

4. Kapitel

MODELLBILDUNG UND -ANALYSE DES CONTAINERUMSCHLAGES

41 METHODISCHER ABRISS

Im zweiten Kapitel wurden die organisatorisch-technischen Bedingungen dargestellt, die den Containerumschlag in Seehäfen im allgemeinen und die Umstauproblematik in Stapelkranbereichen im besonderen determinieren. Im dritten Kapitel konnte gezeigt werden, daß im Vergleich verschiedener Dispositionsverfahren eine Kostenminimierung als ökonomische Zielsetzung anzustreben ist. Nach der Erarbeitung dieser Voraussetzungen kann jetzt eine Modellbildung und -analyse vorgenommen werden.

Dazu ist es sinnvoll, vorab kurz auf die methodischen Grundlagen einzugehen, die für die weitere Untersuchung von Interesse sind. Hier läßt sich logisch eine Einteilung in drei Abschnitte vornehmen, die in einem Wirkzusammenhang stehen. Es wurde bereits weiter oben erläutert, daß jedes ablauforganisatorische Dispositionsverfahren als Einstaustrategie interpretiert werden kann, insofern ist die Frage der Strategienbildung zu analysieren.

Die Wirksamkeit der Strategien ist nun im Modell nachzuweisen. "Angelpunkt des Modellexperiments ist die Abbildung zwischen Modell und Objekt" [KRÜGER, Simulation, 23]. Im Rahmen des Operations Research wurde eine Vielzahl grundsätzlicher Modellformen untersucht [BLIEFERNICH, Operationsforschung 3]. Diese Vielfalt kann aufgrund der Darstellung der für die Fragestellung relevanten organisatorisch-technischen Bedingungen eingeschränkt werden, da bereits auf dieser Basis die Grundzüge eines Bedienungsmodells zu erkennen sind.

"Bedienungsprobleme finden wir in den meisten Bereichen menschlicher Tätigkeit" [WEBER, Research, 114]. Zweckmäßigerweise sind somit die für die weitere Analyse relevanten bedienungstheoretischen Elemente aufzuzeigen.

Bei einer Systemanalyse folgt auf die Modellierung die Phase der Algorithmierung und Programmierung [BLIEFERNICH, Operationsforschung 3, 28 f.] Ein eingeführtes Lösungsverfahren stellt dabei die Simulation dar [KRÜGER, Simulation, 29 ff.].

411 STRATEGIENBILDUNG

Setzt man voraus, daß die binnenländische Abholung der Import-Container durch Straßenfahrzeuge Gesetzmäßigkeiten unterliegt - die weiter unten beschrieben werden, an dieser Stelle auch ohne Interesse sind - dann kann angenommen werden, daß die so bestimmte Abholung durch die jeweils zur Anwendung kommende Strategie der Containereinstauung im Stapelkranbereich nicht berührt wird.

Diese Aussage ist auch direkt ableitbar aus der eingangs erwähnten Tatsache der Unbeeinflußbarkeit der Output-Beziehungen eines Common-User-Terminals. Es ist daher zu vermuten, daß mit unterschiedlichen Strategien bei gleichen Abholgewohnheiten, voneinander abweichende Ergebnisse im Hinblick auf die weiter oben ermittelten Maßgrößen 'Kranverfahren' und 'Umstauen' erzielt werden können.

Darauf aufbauend kann eine weitere Hypothese aufgestellt werden. Gerade die Annahme der - in bezug auf die Einlagerung - konstanten Auslieferungsgepflogenheiten legt den Schluß nahe, daß eine Orientierung der Einstauung an den Abholern - auch hier wird weiter unten zu klären sein, auf welchem Wege dies möglich ist - zu einem ablauforganisatorischen Dispositionsverfahren führen muß, das im Hinblick auf die Umstauproblematik die besseren Resultate erbringt.

Die genannten Hypothesen sind im weiteren Verlauf zu prüfen. Dazu bietet es sich an, die in praxi angewandte Strategie modelltheoretisch nachzubilden und ihr eine Strategie des abholerorientierten Einstauens gegenüberzustellen. Charakteristikum des dabei zugrunde liegenden Optimierungsproblems ist, daß es wegen der Vielzahl der zu berücksichtigenden Einflußgrößen "... mit vertretbarem Rechenaufwand einer exakten Lösung nicht zugänglich (ist)" [MÜLLER-MERBACH, Operations, 291].

Wesentliches Merkmal der zu entwickelnden Strategien sind demzufolge heuristische Regeln. "Zur Entwicklung von heuristischen Verfahren bedarf es zunächst des Anstoßes durch ein auf seine Lösung harrendes Problem ... Heuristische Verfahren werden demnach fast immer maßgeschneidert für bestimmte Probleme" [MÜLLER-MERBACH, Operations, 290].

412 BEDIENUNGSTHEORETISCHE ELEMENTE

Wesentliche Elemente aller Bedienungsmodelle sind Forderungs- und Objektquelle, sowie die Bedienungsanlage. Der Forderungsquelle entstammen die Forderungsströme oder Forderungen, der Objektquelle die Objekte, die die Träger der jeweiligen Forderung sind [KRAMPE, Bedienungsmodelle, 19].

Die Bedienungsanlage beinhaltet in der Regel den Warteraum und das Bedienungssystem mit den Bedienungseinheiten. Trifft ein Forderungsstrom auf die Bedienungsanlage, sind grundsätzlich drei Ausgangsströme denkbar. Regelmäßig erwünscht ist der Strom bedienter Forderungen. Ist in einem System mit endlichem Warteraum dieser belegt, entsteht ein Strom abgewiesener Einheiten. Forderungen, die - aufgrund der Zahl der auf Bedienung wartenden Einheiten oder wegen der Wartezeit - auf eine Bedienung verzichten, lassen einen Strom ungeduldiger Forderungen entstehen [BLIEFERNICH, Operationsforschung 3, 346 ff.].

Der Warteraum erfüllt eine Pufferfunktion für die Fälle, in denen der Ankunftsabstand t_a zwischen zwei Forderungen kleiner ist, als die Bedienungszeit t_b. Aus den reziproken Erwartungswerten dieser beiden Größen bestimmen sich die Ankunftsrate λ (je Zeiteinheit treffen durchschnittlich λ Forderungen ein) und die Bedienungsrate μ, das heißt die durchschnittliche Anzahl abgefertigter Forderungen je Bedienungs- und Zeiteinheit [KRAMPE, Bedienungsmodelle, 27 f.].

Betrachtet man nun den Stapelkranbereich als Bedienungsanlage, dann ist zunächst festzustellen, daß es sich um ein offenes System handelt [KRAMPE, Bedienungsmodelle, 20 f.], das mit Ladestraße und Ladegleis einen endlichen Warteraum besitzt. Zum eigentlichen Bedienungssystem zählt die Bedienungseinheit 'Portalkran' und der ihm zugewiesene Stapelbereich. Wie in Abschnitt 241 nachgewiesen wurde, soll dabei von einer einkanaligen Anlage ausgegangen werden.

Dieses Bedienungssystem ist gekennzeichnet durch die Eigenart, daß die auftretenden Forderungen - Bedienung der Container - die Anlage zweimal durchlaufen, bevor sie sie als bediente Forderung endgültig verlassen. Nach dem Löschen des Behälters wird die Teilforderung 'Einstauen des Containers' durch Terminaltransportmittel an die Bedienungsanlage herangetragen.

Da die Produktivität des Portalkranes mit 22 Bewegungen je Stunde (Tabelle 20) nur wenig geringer ist als die der wasserseitigen Brücken (25 Bewegungen; Tabelle 17), ferner nur etwa 41 Prozent der Import-Container zur Import-FCL-Straßenabholung zu rechnen sind (Abschnitt 224), kann angenommen werden, daß die Ankunftsrate kleiner oder gleich der Bedienungsrate ist. Dafür spricht auch der Erfahrungswert des Untersuchungsterminals, wonach die Straßencontainer im gesamten Laderaum des Schiffes verstreut gestaut sind, so daß ein aufeinanderfolgendes Löschen größerer Mengen dieser Behälter nicht zu erwarten ist.

Damit kann dann auch t_a als kleiner oder gleich t_b angenommen werden. Das Einstauen erfolgt abholerorientiert oder ohne Berücksichtigung der Abholer, nach der Einstapelung der Container ist eine Teilforderung erfüllt. Eine zweite Teilforderung entsteht mit dem Eintreffen des Straßenfahrzeuges am Terminal. Sie besteht im Auslagern des Behälters. Auch hier gilt, daß t_a kleiner oder gleich t_b, die Ankunftsrate kleiner oder gleich der Bedienungsrate ist, weil durch Interchange und Gate-Checker eine hier nicht interessierende Pufferung außerhalb des Terminals vorgenommen wird.

Da jedes Straßenfahrzeug hier solange wartet, bis der gewünschte Container ausgeliefert werden kann, gibt es weder abgewiesene noch ungeduldige Forderungen. Nach der Auslagerung verläßt die Einheit als bediente Forderung endgültig das System. Entsprechend den Ausführungen im zweiten Kapitel gilt für beide Teilbedienungen die strenge Schlangendisziplin 'first in - first served' [WEBER, Research, 114].

Bedienungstheoretisch stellt die zweimalige Bedienung einer Forderung in einem offenen System - oder das Aufsplittern einer Forderung in zwei Teilforderungen - eine Besonder-

heit dar. Zwar könnte hier im übertragenen Sinne von einer
seriellen Bedienung gesprochen werden (Warten auf der Ladestraße - Bedienung: Einstauen - Warten im Stapelbereich - Bedienung: Auslagern), dieser Fall ist bislang aber nur für
mehrkanalige Systeme untersucht worden [BLIEFERNICH, Operationsforschung 3, 349; KRAMPE, Bedienungsmodelle, 23 f.; WEBER,
Research, 115].

Abbildung 4 zeigt die geschilderten Zusammenhänge noch
einmal im Überblick. Für die weitere Analyse ist danach - in
Verbindung mit den bisherigen Ausführungen - nur noch die Art
des Einlagerns und die zeitliche Verteilung des Auslagerns,
sowie der jeweilige mengenmäßige Anfall der Maßgrößen von Bedeutung.

413 SIMULATION

Wie in den vorigen Abschnitten gezeigt wurde, läßt die Komple-
xität der Umstauproblematik eine exakte Lösung nicht zu, vielmehr sind heuristische Regeln heranzuziehen. Eine problemad-
äquate Untersuchung muß ferner - dies wurde im zweiten Kapitel
dargestellt - die entwickelten ablauforganisatorischen Dispositionsverfahren in einer schiffsweisen Betrachtung prüfen.

Der damit verbundene Rechenaufwand ist erheblich, so daß
- in Verbindung mit der Vorgehensweise - als Lösungsverfahren
die Simulation, unter Einsatz einer Elektronischen Datenverarbeitungsanlage, heranzuziehen ist. Im Hinblick auf diese Verbindung von Simulation und Elektronischer Datenverarbeitung
wurden eine Reihe von Simulationssprachen entwickelt [KRÜGER,
Simulation, 125 ff.].

Ein grundsätzliches Problem besteht dabei darin, daß
viele dieser Sprachen nur auf bestimmten Anlagen zur Verfügung
stehen. Schwierigkeiten entstehen auch dadurch, daß die Sprachen entweder zu sehr auf spezifische Modellklassen zugeschnitten, zu inflexibel sind, oder aber - der gegenteilige
Fall - in hohem Maße als flexibel, damit in der Nutzung aber
als sehr aufwendig, sehr kernspeicher- und rechenzeitintensiv
angesehen werden können. Aus diesen Gründen war es sinnvoll,

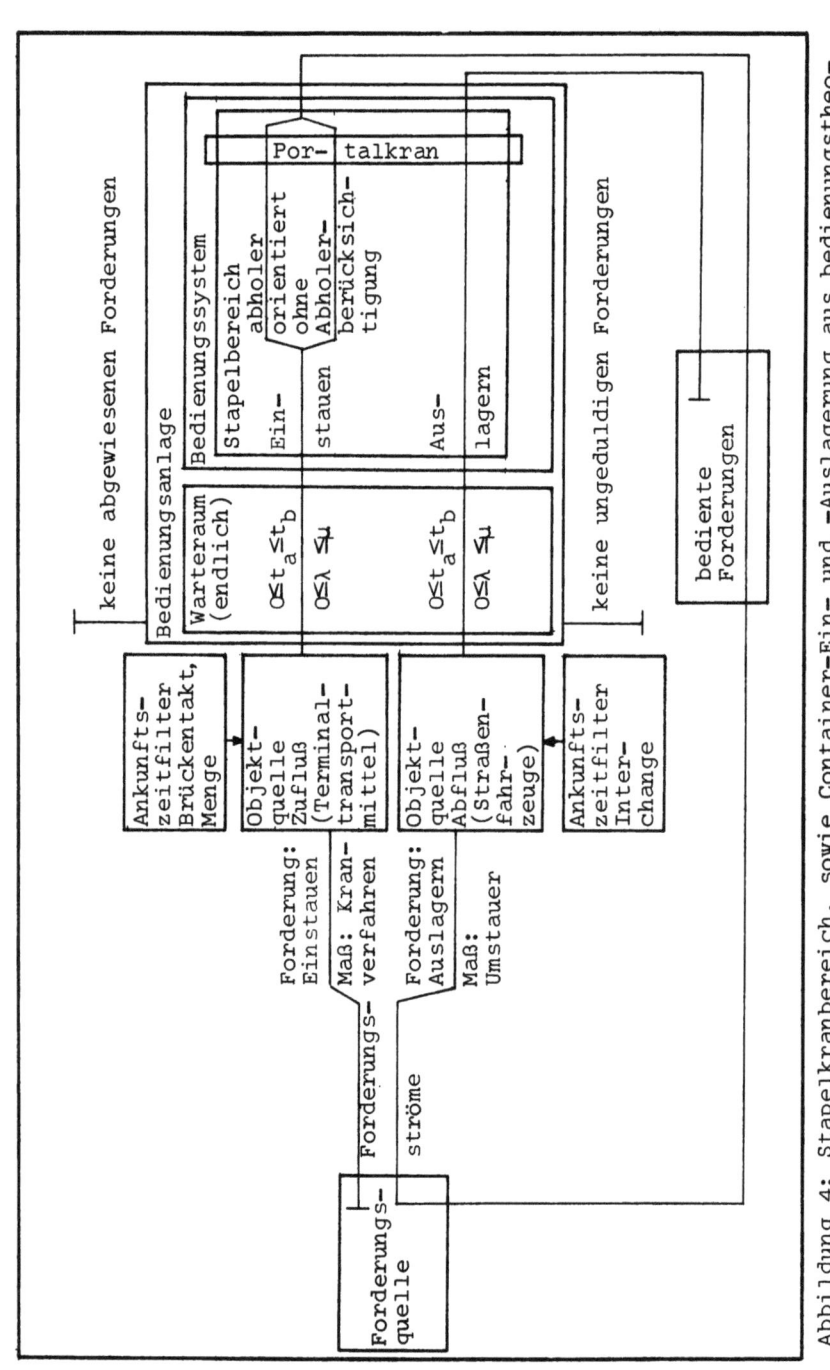

Abbildung 4: Stapelkranbereich, sowie Container-Ein- und -Auslagerung, aus bedienungstheoretischer Sicht.

ein auf das spezielle Problem zugeschnittene Programm zu entwickeln. Das so entstandene Simulationsprogramm TERMSIM wurde in Algol 60 programmiert [COMPUTER, Algol-60-Sprachbeschreibung] und auf der Telefunken-Anlage TC-TR 440 des Großrechenzentrums für die Wissenschaft in Berlin gerechnet. Die Bausteine dieses Programmes sind im folgenden zu beschreiben.

42 AUFBEREITUNG DER AUSGANGSDATEN

Im zweiten Kapitel wurde das für die Analyse grundlegende Datenmaterial vorgestellt. Dabei erwies es sich, daß für die Untersuchung der Umstauproblematik zwei Datengruppen von besonderem Interesse sind. Hier sind zum einen die nach binnenländischen Straßenabholern aufgeschlüsselten Verweildauern der einzelnen Container zu nennen.

Zum zweiten konnte gezeigt werden, daß eine Modellbetrachtung aufgrund der unterschiedlichen Ladungszusammensetzung schiffsweise durchgeführt werden muß. Aufgabe dieses Abschnittes ist es, festzustellen, inwieweit die beiden Datenblöcke - Abholer und Schiffe - als Eingangsgrößen einer Modellanalyse aufbereitet werden müssen.

421 ABHOLER

Wie bereits weiter oben ausgeführt wurde, wird für jede Schiffsladung und hier speziell für die Container der Import-FCL-Straßenabholung eine entsprechende Zahl zusammenhängender Stellplätze im Containerlager vorgehalten. Dabei werden die Behälter in vier (fünf oder sechs) Lagen eingestaut. Im Idealfall, in dem es keine der unerwünschten Umstaubewegungen mehr gibt, müßten demzufolge alle Container, die zuerst abgeholt werden, in der obersten, die danach Auszuliefernden in der dritten (vierten oder fünften) Ebene eingelagert werden, bis schließlich nur noch die unterste Lage verbleibt, die zuletzt abzufahren wäre.

Es wurde aber schon erwähnt, daß eine exakte Vorhersage der Abholtermine für den einzelnen Container nicht möglich ist, so daß mit dem Eintreten dieses Idealfalles nicht gerechnet werden kann. Aus ihm ist jedoch die wesentliche Erkenntnis zu gewinnen, daß zwischen Einlagerungsebene, Verweildauer und daraus resultierenden Umstaubewegungen eine direkte Beziehung besteht, womit ersichtlich wird, daß eine Berücksichtigung der Abholer nur über deren Verweildauerverteilungen erfolgen kann.

Ausgehend von dieser Aussage ist nun zu prüfen, wie eine - den Anforderungen der unterschiedlichen Schiffe genügende - Verbindung zwischen diesen Verteilungen und den Einstauebenen herzustellen ist. Dabei lag es nahe, für die analysierten 32 Abholer eine Rangfolge zu formulieren, die nach einem zeitorientierten Kriterium aufgebaut ist, derart, daß beispielsweise der erste einer solchen Reihe auch tendenziell als erster abholt, seine Behälter demzufolge in der obersten Lage einzustauen wären, wohingegen die Container des Reihenletzten grundsätzlich der untersten Ebene zuzuordnen sind.

Um eine solche Rangliste aufstellen zu können, bedarf es nun für jeden Abholer - auf der Grundlage seiner Verweildauerverteilung - eines Kennwertes, der eine Einordnung ermöglicht. "Hat man schließlich zwei oder mehr Verteilungen des gleichen Merkmals (zu verschiedenen Zeiten und/oder an verschiedenen Orten und/oder mit unterschiedlicher sachlicher Abgrenzung) beobachtet, dann ist die Vielheit der Einzelwerte als Vergleichsmaßstab nicht brauchbar. Die Mittelwerte sind dann bequeme verdichtete Kenngrößen für die Verteilungen, die sich leicht vergleichen lassen" [STANGE, Statistik, 60].

Es sind danach für die einzelnen Verteilungen die Mittelwerte zu bestimmen, hierauf aufbauend ist eine Rangfolge im eben beschriebenen Sinne zu bilden. Dieses Vorgehen weist entscheidende Vorteile auf. Zum einen wird die geforderte Beziehung zwischen Verweildauer und Stauebene hergestellt. Von größerer Bedeutung aber ist, daß mit diesem Verfahren ein flexibles Instrument geschaffen wird, das in der Lage ist, die Abholerzusammensetzung der Ladung unterschiedlicher Schiffe zu berücksichtigen.

Bei der Realisierung der aufgezeigten Vorgehensweise wurde im ersten Schritt überprüft, inwieweit die empirischen Wertekonstellationen der einzelnen Abholer durch eine theoretische Verteilung angenähert werden konnten. Zu diesem Zweck wurden - jeweils unter Zugrundelegung verschiedener Klassenbreiten (24, 12, 8, 6 Stunden), sowie ohne Klassenbildung - verschiedene Verteilungen (Poisson-, logarithmische Normal-, Gamma-, Exponential- und Erlangverteilung) untersucht. Da es dabei nicht gelungen ist, für die einzelnen Abholer eine statistisch signifikante Annäherung zu erzielen, mußte mit den empirischen Verteilungen gearbeitet werden.

Wie Abbildung 1 entnommen werden kann, waren im Durchschnitt über alle untersuchten Schiffe nach sechs Tagen bereits über 90 Prozent der Straßen-Container ausgeliefert. Im Hinblick auf die Zielsetzung der gesuchten Mittelwert-Liste war es daher sinnvoll, auf eine Klassenbildung innerhalb der Verweildauern zu verzichten, um auf diese Weise eine möglichst breite Streuung der Mittelwerte zu erzielen. Die relevanten Daten wurden entsprechend nach stündlicher Abholung zusammengefaßt.

Die erforderlichen Berechnungen erfolgten im Modul MWERT des Simulationsprogramms TERMSIM. MWERT errechnete zunächst abholerweise aus den jeweiligen Verweildauern - die Daten können beispielhaft für Abholer 1, 30, 31 und 32 Tabelle 11 entnommen werden - die empirischen Verteilungen mit den absoluten und relativen Häufigkeiten. Die Tabellen 25a bis 25c zeigen das Ergebnis ausschnittweise für die Abholer 30 bis 32. MWERT ist allerdings so flexibel gestaltet worden, daß die anstehenden Berechnungen auch für beliebige Klassenbreiten und über alle Abholer durchgeführt werden können.

Auf dieser Basis wurde dann für jede Verteilung der Mittelwert nach der Grundformel [STANGE, Statistik, 34 f.] bestimmt, und die Abholer nach aufsteigenden Werten geordnet. Diese Rangliste, die den weiteren Ausführungen zugrundeliegt, ist in Tabelle 26 dargestellt.

Problematisch an der geschilderten Vorgehensweise ist, daß die Verteilungen um den Mittelwert streuen. Wie diesem Tatbestand in der Modellanalyse Rechnung getragen wird, ist weiter unten, im Rahmen der Behandlung des Abgangsprozesses zu

Verweildauer in Stunden	absolute Häufigkeit in Containern	relative Häufigkeit in Prozent	Verweildauer in Stunden	absolute Häufigkeit in Containern	relative Häufigkeit in Prozent
5	1	1.4706	114	1	1.4706
8	1	1.4706	115	1	1.4706
30	1	1.4706	116	1	1.4706
31	1	1.4706	118	1	1.4706
34	2	2.9412	119	1	1.4706
40	1	1.4706	120	3	4.4118
53	1	1.4706	121	1	1.4706
54	1	1.4706	124	4	5.8824
56	1	1.4706	125	1	1.4706
59	1	1.4706	126	1	1.4706
70	1	1.4706	127	1	1.4706
73	1	1.4706	130	1	1.4706
79	2	2.9412	133	1	1.4706
80	3	4.4118	134	1	1.4706
95	2	2.9412	139	1	1.4706
96	1	1.4706	142	2	2.9412
99	2	2.9412	145	1	1.4706
100	2	2.9412	150	2	2.9412
101	1	1.4706	154	3	4.4118
102	3	4.4118	155	1	1.4706
105	1	1.4706	162	1	1.4706
106	1	1.4706	174	1	1.4706
109	1	1.4706	175	1	1.4706
110	2	2.9412	176	1	1.4706
111	1	1.4706	Summe	68	100

Tabelle 25a: Empirische Verweildauerverteilung des Abholers 30, absolute und relative Häufigkeiten.

Verweildauer in Stunden	absolute Häufigkeit in Containern	relative Häufigkeit in Prozent	Verweildauer in Stunden	absolute Häufigkeit in Containern	relative Häufigkeit in Prozent
12	1	1.4706	103	1	1.4706
19	2	2.9412	104	1	1.4706
25	1	1.4706	106	1	1.4706
26	1	1.4706	109	1	1.4706
33	1	1.4706	113	2	2.9412
34	2	2.9412	122	1	1.4706
38	2	2.9412	133	1	1.4706
41	1	1.4706	135	1	1.4706
42	1	1.4706	139	2	2.9412
48	2	2.9412	144	1	1.4706
53	1	1.4706	158	1	1.4706
56	1	1.4706	159	1	1.4706
64	1	1.4706	167	2	2.9412
72	1	1.4706	169	2	2.9412
73	1	1.4706	171	1	1.4706
74	1	1.4706	177	1	1.4706
76	2	2.9412	178	2	2.9412
78	1	1.4706	179	1	1.4706
80	1	1.4706	187	1	1.4706
82	1	1.4706	192	1	1.4706
83	2	2.9412	200	1	1.4706
88	2	2.9412	216	1	1.4706
94	2	2.9412	226	1	1.4706
95	1	1.4706	232	1	1.4706
96	2	2.9412	238	1	1.4706
99	1	1.4706	356	1	1.4706
102	2	2.9412	Summe	68	100

Tabelle 25b: Empirische Verweildauerverteilung des Abholers 31, absolute und relative Häufigkeiten.

Verweildauer in Stunden	absolute Häufigkeit in Containern	relative Häufigkeit in Prozent	Verweildauer in Stunden	absolute Häufigkeit in Containern	relative Häufigkeit in Prozent
45	2	11.7647	274	2	11.7647
70	1	5.8824	275	1	5.8824
99	1	5.8824	278	1	5.8824
100	1	5.8824	279	1	5.8824
126	1	5.8824			
228	1	5.8824	280	2	11.7647
272	1	5.8824	282	1	5.8824
273	1	5.8824			
			Summe	17	100

Tabelle 25c: Empirische Verweildauerverteilung des Abholers 32, absolute und relative Häufigkeiten.

Abholer	Untersuchte Container in Stück	Mittelwert in Stunden
1	51	35.1176
2	748	48.3783
3	325	50.5604
4	23	51.5882
5	34	53.7059
6	68	53.7353
7	67	54.4559
8	323	54.6130
9	136	59.2500
10	83	61.5294
11	85	62.6000
12	53	65.2941
13	170	67.8294
14	662	68.1373
15	20	68.8235
16	16	68.8824
17	680	70.5309
18	153	70.6928
19	68	72.2647
20	37	72.9412
21	475	75.9265
22	136	77.6765
23	17	78.7059
24	33	78.7647
25	17	82.1765
26	21	83.1765
27	155	83.9346
28	17	97.5294
29	34	99.3529
30	68	105.7794
31	68	110.8824
32	17	204.7059

Tabelle 26: Mittelwerte der Verweildauer-Verteilungen der einzelnen Straßenabholer, mit insgesamt 4860 untersuchten Containern in Stück.

zeigen. Zur praktischen Vorgehensweise sei abschließend angemerkt, daß die errechnete Liste auf der Basis einer fortlaufenden ex-post Analyse der Verweildauern periodisch - die Periodenlänge ist terminalspezifisch festzulegen und ergibt sich aus der zeitlichen Konstanz der Kundengewohnheiten und -struktur - überarbeitet werden muß, um den möglichen Veränderungen im Zeitablauf Genüge zu tun.

422 SCHIFFE

Der Zwang zu einer schiffsweisen Betrachtung im Rahmen der Modellanalyse, sowie die Tatsache, daß es sich als notwendig erwies, die empirischen Verteilungen der Abholer anzuwenden, ließen es naheliegend erscheinen, mit den Werten der im Zeitraum der Datenerhebung tatsächlich aufgekommenen Schiffe auch weiterhin zu arbeiten.

Die entsprechenden Zahlen, das heißt die nach Abholern getrennte schiffsweise Zusammensetzung der Ladung, wurden in den Tabellen 14a bis 14c bereits vorgestellt und können unverändert in die weitere Analyse einbezogen werden. Wie bereits im zweiten Kapitel nachgewiesen wurde, lassen sich die analysierten Schiffe drei Kategorien, die als Typ A, B und C bezeichnet worden waren, zuordnen.

Es erschien daher interessant, neben den empirischen, in der weiteren Untersuchung auch entsprechende Typschiffe (Durchschnittsschiffe) zu berücksichtigen. Zu diesem Zweck wurde der Programmteil SCHDAT entwickelt, der folgende Leistungen erbringt. Nach Eingabe der zu einer Typgruppe zu zählenden Schiffsnummern (Anfangs- und Endnummer) werden die zugehörigen Ladungsdaten gemäß Tabelle 14 aus einer Datei gelesen. Sodann wird für jeden Abholer der Containeranteil (prozentual und in Stück) über alle eingegebenen Schiffe, sowie daraus der durchschnittliche Anteil je Schiff errechnet.

Aus diesen Werten konnte dann durch Auf- oder Abrunden die Ladung des Typfrachters in Containern bestimmt werden. Um hier auch einem möglichen Größenwachstum der Schiffe oder einer potentiellen Zunahme der Straßenabholung gerecht zu werden, wurde zusätzlich ein Typschiff D geschaffen, dessen Ladung aus dem doppelten durchschnittlichen Anteil je Abholer des Types A ermittelt wurde. Die Tabellen 27a bis 27c enthalten die Ergebnisse. Diese Schiffe 47 bis 50 werden im folgenden zusätzlich zu den 46 empirisch beobachteten Frachtern berücksichtigt.

43 SCHIFFSORIENTIERTER VORLAUF

Nach der Aufbereitung der Ausgangsdaten kann jetzt mit der eigentlichen Modellbildung und -analyse begonnen werden. Wie bereits mehrfach betont worden ist, ist hier eine schiffsweise Betrachtung vorzunehmen. Es bietet sich daher an, die einzelnen Phasen des Modells anhand eines ausgewählten Schiffes beispielhaft darzustellen.

Bei der Suche nach einem geeigneten Frachter war darauf zu achten, daß bei möglichst kleiner Ladungsmenge (unter 50 Stück) das gesamte Spektrum der Leistungen des Modells nachgewiesen werden kann. Ist die Forderung nach geringer Ladung als 'Tribut' an die Darstellbarkeit der Einzelschritte zu sehen, so war bei der Frage nach der Leistungspalette beispielsweise zu berücksichtigen, daß die Dimensionierung der vorzuhaltenden Stellplätze mindestens zwei Längenpositionen umfaßt. Damit war sichergestellt, daß die für die Bewertung der Dispositionsverfahren maßgebliche Größe 'Kranverfahren' zum Tragen kam.

Sowohl unter dem mengenmäßigen, als auch unter dem letztgenannten Aspekt - dies wird gleich nachzuweisen sein - stellte es sich als günstig heraus, Schiff 33 als Beispielfrachter für die folgenden Ausführungen auszuwählen.

Entsprechend der Vorgehensweise in praxi besteht nun der erste Schritt der Modellbildung in der Durchführung schiffsorientierter Vorarbeiten. So ist zunächst unabhängig von der Einstaustrategie festzulegen, welche Dimensionen der für die Ladung des aufkommenden Schiffes vorzuhaltende Bereich des Containerlagers haben soll. Werden die Abholereinflüsse bei der Einstauung beachtet, dann muß ferner bestimmt werden, welche Stauebenen im Lager den einzelnen Containern aufgrund ihrer

Abholer	Anteil Schiff 1 - 12	durchschnittliche Ladung je Schiff	Anteil Schiff 1 - 12	Typschiff A (Schiff 47)	Typschiff D (Schiff 50)
	in Containern		in %	Ladung in Containern	
1	5	0.42	0.29	-	1
2	574	47.83	32.91	48	96
3	164	13.67	9.40	14	27
4	10	0.83	0.57	1	2
5	-	-	-	-	-
6	1	0.08	0.06	-	-
7	65	5.42	3.73	5	11
8	107	8.92	6.14	9	18
9	18	1.50	1.03	2	3
10	10	0.83	0.57	1	2
11	72	6.00	4.13	6	12
12	2	0.17	0.11	-	-
13	84	7.00	4.82	7	14
14	444	37.00	25.46	37	74
15	-	-	-	-	-
16	-	-	-	-	-
17	-	-	-	-	-
18	-	-	-	-	-
19	8	0.67	0.46	1	1
20	-	-	-	-	-
21	16	1.33	0.92	1	3
22	-	-	-	-	-
23	-	-	-	-	-
24	6	0.50	0.34	1	1
25	1	0.08	0.06	-	-
26	-	-	-	-	-
27	149	12.42	8.54	12	25
28	8	0.67	0.46	1	1
29	-	-	-	-	-
30	-	-	-	-	-
31	-	-	-	-	-
32	-	-	-	-	-

Tabelle 27a: Typschiff A und D (zweimal Typ A), 3. Generation, Relation Fernost. Ladungsaufteilung nach Straßenabholern auf der Basis von 12 Schiffen (Schiff 1 bis 12) mit 4951 Import-Containern (1744 Import-FCL-Straße).

Abholer	Anteil Schiff 13-27	durchschnittliche Ladung je Schiff	Anteil Schiff 13-27	Typschiff B (Schiff 48)
		in Containern	in %	Ladung in Containern
1	-	-	-	-
2	17	1.13	0.96	1
3	148	9.87	8.33	10
4	2	0.13	0.11	-
5	26	1.73	1.46	2
6	57	3.80	3.21	4
7	1	0.67	0.06	1
8	57	3.80	3.21	4
9	27	1.80	1.52	2
10	15	1.00	0.84	1
11	-	-	-	-
12	48	3.20	2.70	3
13	8	0.53	0.45	1
14	153	10.20	8.62	10
15	20	1.33	1.13	1
16	9	0.60	0.51	1
17	449	29.93	25.28	30
18	123	8.20	6.93	8
19	39	2.60	2.19	3
20	37	2.47	2.08	2
21	365	24.33	20.55	24
22	1	0.67	0.06	1
23	13	0.87	0.73	1
24	12	0.80	0.67	1
25	11	0.73	0.62	1
26	17	1.13	0.96	1
27	3	0.20	0.17	-
28	3	0.20	0.17	-
29	8	0.53	0.45	1
30	63	4.20	3.55	4
31	44	2.93	2.48	3
32	-	-	-	-

Tabelle 27b: Typschiff B, 2. Generation, Relation Nordatlantik. Ladungsaufteilung nach Straßenabholern auf der Basis von 15 Schiffen (Schiff 13 bis 27) mit 4111 Import-Containern (1776 Import-FCL-Straße).

Abholer	Anteil Schiff 28-46	durchschnittliche Ladung je Schiff	Anteil Schiff 28-46	Typschiff C (Schiff 49)
		in Containern	in %	Ladung in Containern
1	11	0.58	1.81	1
2	140	7.37	23.03	7
3	13	0.68	2.14	1
4	11	0.58	1.81	1
5	3	0.16	0.49	-
6	4	0.21	0.66	-
7	-	-	-	-
8	87	4.58	14.31	5
9	27	1.42	4.44	1
10	5	0.26	0.82	-
11	1	0.05	0.17	-
12	3	0.16	0.49	-
13	-	-	-	-
14	25	1.32	4.11	1
15	-	-	-	-
16	1	0.05	0.17	-
17	59	3.11	9.70	3
18	9	0.47	1.48	-
19	3	0.16	0.49	-
20	-	-	-	-
21	9	0.47	1.48	-
22	125	6.58	20.56	7
23	1	0.05	0.17	-
24	8	0.42	1.31	-
25	-	-	-	-
26	4	0.21	0.66	-
27	3	0.16	0.49	-
28	3	0.16	0.49	-
29	18	0.95	2.96	1
30	4	0.21	0.66	-
31	19	1.00	3.13	1
32	12	0.63	1.97	1

Tabelle 27c: Typschiff C, 1. Generation, Relationen Westafrika und Mittelost. Ladungsaufteilung nach Straßenabholern auf der Basis von 19 Schiffen (Schiff 28 bis 46) mit 1510 Import-Containern (608 Import-FCL-Straße).

Abholerzugehörigkeit zugewiesen werden soll.

431 LAGERPLATZDIMENSIONIERUNG

Die schiffsbezogene Zuweisung - bei der vier-, fünf- und sechslagigen Variante - von Längen- und Breitenpositionen, die der jeweiligen Ladungsmenge genügen, erfolgt im Programmteil STRUKTUR. Als Eingabewerte werden die Containersummen der 50 zu untersuchenden Schiffe benötigt, die aus der Schiffsdatei - sie enthält die in den Tabellen 14a bis 14c und 27a bis 27c gezeigten Daten - gelesen werden.

Das Programm beachtet vier grundsätzliche Bedingungen. Zunächst muß das Produkt aus Längen-, Breiten- und Höhenposition im Einzelfall möglichst gleich, kann allenfalls größer, darf niemals aber kleiner sein, als die Containermenge der Ladung. Weiter besteht die Restriktion, daß die errechneten Längen- kleiner oder gleich den Breitenpositionen sein müssen. Damit soll erreicht werden, daß die Summe des Kranverfahrens beim Einstauen möglichst gering bleibt.

Zum dritten waren die Einschränkungen zu beachten, die sich aus den Ausführungen im zweiten Kapitel hinsichtlich der Breite ergeben. Die dort in Tabelle 19 angegebenen Werte (14, 12, 10) sind um die in Abschnitt 242 errechneten Positionen zu verringern, die für Bahncontainer vorgehalten werden müssen (3, 2, 2). Danach können bei der vierlagigen Variante höchstens elf, bei der fünflagigen maximal zehn und sechslagig nur bis zu acht Breiteneinheiten vergeben werden. Als letzte Nebenbedingung war die Forderung nach Ganzzahligkeit der Positionen zu erfüllen.

STRUKTUR beginnt nun mit der vierlagigen Stapelung, mit der Länge 1, der maximal erlaubten Breite 11 und der Höhe 4, bildet das Produkt M aus den drei Faktoren, vergleicht es mit der Ladungsmenge Z und erhöht die Längenwerte solange, bis M größer oder gleich Z ist. Sind alle Bedingungen beachtet und ist M gleich Z, dann ist der Programmdurchlauf beendet, und es wird auf gleiche Weise mit den Berechnungen für die nächste Höhenvariante begonnen.

Ist M größer als Z, wird die Differenz aus beiden gebildet, die Breite um eine Einheit reduziert, die Länge wieder mit 1 angenommen und ein neuer Durchlauf gestartet. Der Programmausgang (Berechnung der nächsten Höhenvariante) wird hier erreicht, wenn eine Wertekonstellation wiederum M gleich Z ergibt, oder eine minimale Differenz aus M und Z errechnet worden ist.

Sind die gesuchten Größen für die vier-, fünf- und sechslagige Stapelung bestimmt, kann das nächste Schiff auf die gleiche Weise bearbeitet werden. Tabelle 28 enthält für alle Schiffe und alle Höhenvarianten die entsprechenden Ergebnisse.

Die diesem Abschnitt zugrundeliegende Problematik ist in der Realität komplexerer Natur, da dort zwar schiffsbezogen, nicht aber schiffs- sondern lagerplatzorientiert im Zeitablauf geplant werden muß. Diese kapazitätsmäßige Einpassung ständig neuer Schiffe in den vorhandenen Lagerraum stellt ein interessantes Optimierungsproblem dar, das in dieser Untersuchung aber nicht gelöst werden mußte. Da auch in praxi schiffsweise ausreichend Stellplätze in ganzen Türmen zusammenhängend vorgehalten werden, ist es im Hinblick auf die Frage der Umstauer unerheblich, an welcher Stelle des Containerlagers sich dieser Sektor befindet, und wie er dimensioniert ist.

432 ZUWEISUNG DER EINSTAUEBENEN

Jeder gelöschte Container eines Schiffes erhält im Lagerplatzbereich einen Stellplatz, der mit einer bestimmten Stauebene verbunden ist. Werden die Behälter ohne Berücksichtigung der Abholer eingestaut, dann wird die Zuweisung der Ebene nicht geplant, sie ist - wie im folgenden Abschnitt zu zeigen sein wird - zufällig.

Eine derartige Planung ist aber Voraussetzung bei der abholerorientierten Einlagerung. Hier werden Einstauebenen zugewiesen, die als Sollvorgabe interpretiert werden müssen, das heißt, der betreffende Container sollte möglichst in dieser Lage plaziert werden. Die Darstellung, warum dies nicht grundsätzlich gegeben ist und wie in solchen Fällen verfahren wird,

Schiff	Länge	Breite	Länge	Breite	Länge	Breite	Schiff	Länge	Breite	Länge	Breite	Länge	Breite
	vierlagig		fünflagig		sechslagig			vierlagig		fünflagig		sechslagig	
			in Positionen							in Positionen			
1	5	10	4	10	5	7	26	6	7	5	7	4	7
2	4	9	3	10	3	8	27	4	9	3	10	3	8
3	3	11	3	9	3	5	28	3	5	2	6	2	5
4	4	10	3	10	5	5	29	3	5	2	6	2	5
5	3	10	3	8	4	5	30	2	8	2	7	2	6
6	6	8	4	10	4	8	31	1	1	1	6	1	5
7	6	7	5	7	4	7	32	1	1	1	7	1	6
8	5	7	3	9	3	8	33	2	1	1	10	1	8
9	4	10	3	10	5	5	34	1	1	1	6	1	5
10	4	10	4	8	4	7	35	1	1	1	5	1	4
11	3	9	3	7	3	6	36	1	1	1	7	1	6
12	3	10	3	8	4	5	37	1	1	1	4	1	4
13	2	10	2	8	2	7	38	1	1	1	5	1	4
14	3	7	2	9	2	7	39	1	11	1	9	1	7
15	5	5	2	10	3	6	40	1	5	1	4	1	3
16	5	7	3	9	3	8	41	1	4	1	4	1	3
17	3	9	3	8	3	6	42	1	6	1	5	1	4
18	3	8	2	10	2	8	43	1	7	1	6	1	5
19	3	8	2	10	2	8	44	1	7	1	5	1	5
20	5	7	4	7	3	8	45	1	5	1	4	1	3
21	4	8	5	5	3	7	46	1	7	1	6	1	5
22	4	7	3	8	4	5	47	4	10	3	10	5	5
23	4	10	3	10	5	5	48	4	8	5	5	3	7
24	4	9	3	10	3	8	49	1	9	1	6	1	5
25	3	11	3	3	3	8	50	7	11	6	10	1	7

Tabelle 28: Dimensionen der für die Ladung der Schiffe 1 bis 50 zu reservierenden Stellplätze bei vier-, fünf- und sechslagiger Stapelung.

ist Inhalt des Folgeabschnittes.

    An dieser Stelle gilt es zu beschreiben, wie die Ebenenzuweisung vorgenommen wird. Diese Aufgabe übernimmt das Unterprogramm EINEBENE. Als Dateninput wird hier lediglich die Nummer des zunächst zu bearbeitenden Schiffes benötigt. Anhand dieses Kennzeichens werden dann aus der Schiffsdatei die an der Ladung des Frachters beteiligten Abholer, sowie deren Ladungsanteil in Containerstück gelesen.

    Da die Abholernummern aufsteigend der Mittelwertliste entsprechen, die im Abschnitt 421 erarbeitet wurde, impliziert das Nummernsystem bereits im beschriebenen Sinn die zeitliche Abfolge der Auslieferung. Als weitere Information benötigt EINEBENE noch die Dimensionsdaten für die drei Stapelvarianten. Diese Werte werden aus dem Modul STRUKTUR übernommen, wobei die Identifikation wieder über die Schiffsnummer erfolgt.

    Die Aufgabe besteht nun darin, den Abholercontainern eine Ebene im Stapelbereich anhand des Kriteriums mengenmäßig gewichteter Mittelwerte zuzuweisen. Dabei taucht das Problem auf, daß es häufiger vorkommen kann, daß die Zahl der Stellplätze je Ebene, die nach den bisherigen Ausführungen für alle Lagen gleich sein muß, für die Menge eines Abholers nicht ausreichend ist.

    Dieser Fall tritt entweder ein, weil Teile der Stauebene schon verplant sind, und/oder weil der Abholeranteil größer ist, als die Zahl der je Lage überhaupt zur Verfügung stehenden Plätze. Solchen Straßenabholern müßten dann mehrere Ebenen mit jeweiligen Mengenangaben zugeteilt werden. Es ist aber nicht nur für die weitere Vorgehensweise einfacher, jedem nur eine Lagennummer zuzuordnen und auf Mengenangaben ganz zu verzichten. Auch logisch kann diese Vorgehensweise gerechtfertigt werden.

    Zwar wird dadurch eine Unter- oder Überdeckung der einzelnen Lagen in Kauf genommen. Dies ist aber insofern unterheblich, als in diesem Abschnitt - wie eingangs gesagt - nur Planvorgaben zu erarbeiten sind, die gewährleisten sollen, daß die Rangfolge der Abholer, wie sie sich nach dem Mittelwertkriterium ergibt, auch nach der mengenmäßigen Gewichtung erhalten bleibt. Dieser Forderung wird aber Genüge getan, wie die Beschreibung von EINEBENE ergeben wird.

Im ersten Schritt errechnet das Programm aus den übernommenen Längen- und Breitenwerten die Stellplatzzahl je Ebene für die vierlagige Variante. Von dieser Zahl wird, beginnend mit dem rangersten Abholer und der jeweils obersten Lage, der Abholeranteil subtrahiert. Ist die Differenz positiv oder null, wird dem Abholer die oberste Lagennummer zugewiesen. Dieser Vorgang wiederholt sich mit dem nächsten, so lange bis eine negative Differenz entsteht.

In diesem Fall wird nach mengenmäßigen Kriterien - Stellplätze je Ebene insgesamt, noch freie Plätze in der gerade bearbeiteten Lage, Stückzahl des Abholers - entschieden, ob ihm die nächstniedrigere Stauebenennummer zugeordnet wird oer nicht. Sodann ist wieder von der vollen Zahl der möglichen Stellplätze je Ebene auszugehen, der eben genannte negative Vortrag zu verrechnen, und der Programmablauf mit dem folgenden Abholer erneut zu beginnen.

Haben alle eine Zuweisung erhalten, werden auf gleiche Weise die Werte für die fünf- und sechslagige Variante berechnet. Tabelle 29 zeigt noch einmal übersichtlich die beschriebenen Rechenschritte, dargestellt am Schiff 33 für die vierlagige Stapelung. Tabelle 30 gibt für das gleiche Schiff den Überblick über alle untersuchten Varianten.

Im letzten Teil von EINEBENE ist dann die Loslösung von den einzelnen Abholern dergestalt zu vollziehen, daß für die künftige Analyse nur noch die Mengenzuweisung je Ebene betrachtet werden braucht. Dieser Schritt läßt sich wie folgt begründen. Bei der Zuweisung der Einstaulage wurde das Mittelwertkriterium mengenmäßig gewichtet berücksichtigt. Dieses Kriterium ist Ausdruck einer zeitlichen Reihung der Abholer. Daraus kann geschlossen werden, daß auch die Ebenennummer Ausdruck einer zeitlichen Reihung derart ist, daß angenommen wird, daß die für die unteren Ebenen eingeplanten Container auch später abgeholt werden, als die für die oberen Lagen vorgesehenen Behälter.

Innerhalb einer Stauebene spielt die Rangfolge der Abho-

Rechen-schritt	Stell-plätze	in der Ebene	minus Zahl der Container	des Abholers	verbleiben Stellplätze	und erhält der Abholer die Ebenenzuweisung	Übertrag Stellplätze	auf Ebene
1	12	4	10	1	2	4	2	4
2	2	4	3	3	-1	4	-1	3
3	11	3	4	4	7	3	7	3
4	7	3	3	5	4	3	4	3
5	4	3	2	29	2	3	2	3
6	2	3	4	30	-2	2	-2	2
7	10	2	12	31	-2	2	-2	1
8	10	1	10	32	-	1	-	-

Tabelle 29: Darstellung der Rechenschritte, die zur Zuweisung der Einstauebenen führen, dargelegt am Beispiel des Schiffes 33 bei vierlagiger Stapelung.

Beteiligte Abholer	Containerzahl in Stück	Vorgesehene Einstauebene bei		
		Vier Lagen	Fünf Lagen	Sechs Lagen
1	10	4	5	6
3	3	4	4	5
4	4	3	4	5
5	3	3	4	4
29	2	3	3	4
30	4	2	3	3
31	12	2	2	2
32	10	1	1	1

Tabelle 30: Die an der Ladung des Schiffes 33 beteiligten Abholer mit ihren Ladungsanteilen in Containerstück und den für sie vorgesehenen Einstauebenen bei vier, fünf und sechs Lagen.

Variante in Lagen	Container, eingeordnet in Ebene											
	1		2		3		4		5		6	
	Stück	Prozent	Stück	Prozent	Stück	Prozent	Stück	Prozent	Stück	Prozent	Stück	Prozent
4	10	20.8333	16	33.3333	9	18.7500	13	27.0833	–	–	–	–
5	10	20.8333	12	25.0000	6	12.5000	10	20.8333	10	20.8333	–	–
6	10	20.8333	12	25.0000	4	8.3333	5	10.4167	7	14.5833	10	20.8333

Tabelle 31: Die Ladung des Schiffes 33 abholerunabhängig aufgeteilt nach der Einordnung in Ebenen in Stück und Prozent für vier, fünf und sechs Lagen.

ler im Hinblick auf die Umstauproblematik dagegen keine Rolle.
Diese Vorgehensweise bedeutet für die modelltheoretische Behandlung insofern eine erhebliche Vereinfachung, als im folgenden nur noch eine laufende Container- und die zugeordnete Ebenennummer zur Beschreibung der einzelnen Behälter ausreichend ist. Das Programm EINEBENE errechnet die erforderlichen Daten durch lagenweise Addition der Werte, die in Tabelle 30 beispielhaft für Schiff 33 gezeigt wurden. Tabelle 31 enthält das zugehörige Ergebnis.

44 ANKUNFTSPROZESS

Nach der Datenaufbereitung und den erforderlichen Berechnungen des schiffsorientierten Vorlaufs, beginnt dieser Abschnitt im engeren Sinne mit der Behandlung der dieser Analyse zugrundeliegenden Problematik. Er beschäftigt sich mit dem Geschehen am und im Lagerplatzbereich. Inhaltlich besteht die Aufgabe darin, die Einstauung der jeweiligen Schiffsladung in den dafür vorgesehenen Sektor des Containerlagers im Modell abzubilden und zu untersuchen.

Dazu ist es im ersten Schritt erforderlich, eine Ankunftsreihe zu kreieren, die den bislang erarbeiteten Voraussetzungen genügt. Auf dieser Basis kann dann die konkrete Einlagerung der Container vorgenommen werden. Entsprechend den bisherigen Ausführungen sind dabei zwei Fälle zu prüfen. Zunächst soll die in der Praxis übliche Einstapelstrategie nachgebildet werden, die den Einfluß der Straßenabholer nicht berücksichtigt.

Dieser Variante ist dann die Strategie des abholerorientierten Einstauens gegenüberzustellen. Können programmtechnisch die bisher beschriebenen Unterprogramme als Satellitenprogramme interpretiert werden, so sind die hier und im folgenden Abschnitt darzustellenden Module als Teile des Hauptprogramms TERMSIM HP anzusehen.

441 ANKUNFTSREIHE

Nach den Berechnungen des vorhergehenden Abschnittes ist nun jede Schiffsladung für jede Höhenvariante lagenweise in Gruppen aufgeteilt, alle Container sind daher mit einem ebenenbezogenen Einstauvorschlag ausgestattet. Bislang wurden aber noch keine Aussagen darüber gemacht, in welcher Reihenfolge diese Behälter nun am Lager eintreffen, um eingestapelt zu werden.

Grundsätzlich ist hierzu festzustellen, daß nicht angenommen werden kann, daß die in der untersten Ebene zu lagernden Container auch zuerst aus dem Schiff gelöscht werden. Vielmehr muß davon ausgegangen werden, daß die einer Stauebene zugeordneten Behälter über alle Stellplätze des Laderaumes des Frachters verstreut sind.

Der Nachweis zu dieser Aussage konnte im Untersuchungsterminal durch Analyse der entsprechenden Staupläne erbracht werden. Da die Lagenzuordnung aufgrund der Zugehörigkeit zu einem bestimmten Abholer erfolgt, brauchte nur überprüft zu werden, ob die Container der jeweiligen Abholer in den Schiffen blockweise gestaut werden. Dies war nicht der Fall.

Demzufolge besteht die Möglichkeit, daß beispielsweise der erste gelöschte Behälter, der dann auch zuerst am Lager eintrifft, die Vorgabe 'Ebene 4' aufweist. Wegen des noch leeren Bereichs muß seine Einstauung aber in der untersten Lage erfolgen, denn gemäß Abschnitt 412 ist die strenge Schlangendisziplin 'first in - first served' anzuwenden. Wie ist daher die Ankunftsreihe, die den geschilderten Zusammenhang berücksichtigt, zu gestalten?

Das Hauptprogramm TERMSIM HP übernimmt zunächst aus den vorgelagerten Modulen die Ladungssumme des Schiffes, die Dimensionen des Lagerbereichs und die Stückzahlen, die für die einzelnen Ebenen vorgeschlagen wurden. Die Einstauung der Behälter im Schiff ist von Frachter zu Frachter verschieden und im Hinblick auf die Abholer auch willkürlich. Sie orientiert sich vielmehr an der hafenmäßigen Löschsequenz, der Schiffsstabilität und ähnlichen Kriterien, weist für die untersuchte

Fragestellung daher zufälligen Charakter auf.

Es ist daher naheliegend einen Zufallszahlengenerator einzusetzen. Dabei wurde der auf dem verwendeten Großrechner in Algol zur Verfügung stehende Generator RANDOM [TR 440, Programmbibliothek, 13 f.] verwendet. Die Ankunftsreihe wird beispielsweise für die vierlagige Variante folgendermaßen gebildet. Jeder Behälter erhält eine fortlaufende Nummer, die aufsteigend geordnet ist, und der eine geplante Stauebene zugewiesen werden muß.

Dies geschieht derart, daß durch RANDOM ein ganzzahliger Wert zwischen eins und der höchstzulässigen Höhe (hier vier) erzeugt wird. Im Programm ist dann zu prüfen, ob für die, dieser Zahl entsprechenden Ebene ein Containerbestand (im Beispiel die Daten der Tabelle 31) existiert. Wenn dies bejaht werden kann, wird die Ebenen- der fortlaufenden Nummer zugeordnet, und der gerade genannte Bestand um eine Einheit verringert.

Dieser Vorgang wiederholt sich bis zur Bearbeitung der größtmöglichen laufenden Nummer, die mit der Ladungssumme zahlenmäßig identisch ist. Die Ankunftsreihe ist damit erstellt und ergibt sich als Folge aufsteigender Containernummern. Tabelle 32 gibt sie für Schiff 33 bei vierlagiger Stapelung wieder.

442 EINSTAUEN OHNE BERÜCKSICHTIGUNG DER ABHOLER

Die in der Praxis realisierte Strategie konzentriert sich in ihrer Zielrichtung ausschließlich auf die optimale Gestaltung des Einstauens, ohne irgendwelche Einflüsse der Abholung in Betracht zu ziehen. Diese Vorgehensweise ist damit folgerichtig auf der eingangs erwähnten, in praxi häufig vertretenen Hypothese aufgebaut, daß die Outputbeziehungen unbeeinflußbar seien und die Straßenfahrzeugabholung nicht planbar ist.

Ziel der hier zu beschreibenden Strategie kann es demzufolge nur sein, die Kranbewegungen zu minimieren. Da jeder Stellplatz aber einmal angefahren werden muß - dies konnte in Abschnitt 243 nachgewiesen werden - kann sich diese Minimie-

Laufende Containernummer	Geplante Einstauebene	Laufende Containernummer	Geplante Einstauebene	Laufende Containernummer	Geplante Einstauebene
1	4	17	4	33	4
2	3	18	4	34	4
3	1	19	2	35	4
4	1	20	3	36	3
5	2	21	1	37	2
6	4	22	3	38	2
7	4	23	1	39	1
8	1	24	2	40	1
9	2	25	3	41	1
10	3	26	1	42	2
11	3	27	4	43	2
12	4	28	4	44	2
13	3	29	4	45	2
14	1	30	3	46	2
15	2	31	2	47	2
16	4	32	2	48	2

Tabelle 32: Die Ankunftsreihe für Schiff 33 mit laufender Nummer und geplanter Stauebene für jeden Container bei vierlagiger Stapelung.

rung nur auf das Kranverfahren beziehen. Hier ist ein Minimum erreicht, wenn der Kran bei n vorgegebenen Längeneinheiten nur (n-1)-mal verfahren wurde. Dieses Ziel kann realisiert werden, wenn bei jeder Längenposition erst dann verfahren wird, wenn alle zugehörigen Stellplätze, deren Zahl sich als Produkt aus Breiten- und Höheneinheiten ergibt, belegt sind. Unter Beachtung der Bedingungen ist es bei dieser Vorgehensweise prinzipiell unerheblich, wo welcher Container eingestaut wird.

Die Strategie wird bei TERMSIM HP folgendermaßen abgebildet. Die gespeicherte Ankunftsreihe wird sukzessive abgearbeitet, jeder Behälter bekommt eine Stauposition zugewiesen, die dokumentiert und für den Auslagerungsvorgang aufbewahrt werden muß. Beginnend bei der ersten Längen-, Breiten- und Höhenposition des vorgehaltenen Lagers, wird zunächst die erste Lage in der Breite aufgefüllt, desgleichen dann die zweite, bis zur letztmöglichen Ebene.

Dann ist um eine Einheit in der Länge zu verfahren, der beschriebene Vorgang wiederholt sich, bis schließlich alle Behälter eingelagert sind. Das Programm registriert dabei neben dem Stellplatz das Kranverfahren und die Abweichung von der geplanten Einstauebene. Tabelle 33 enthält das Ergebnis der Berechnungen für den Beispielfrachter bei vierfacher Stapelung. Hierbei wird nur ein Kranverfahren erforderlich, die Summe der Ebenenabweichungen ist mit 75 allerdings beträchtlich.

443 ABHOLERORIENTIERTES EINSTAUEN

Auch das abholerorientierte Einstauen - als mit der im vorigen Abschnitt geschilderten Strategie zu vergleichendes ablauforganisatorisches Dispositionsverfahren - arbeitet die gleiche Ankunftsreihe sukzessive ab. Die Programmdokumentation entspricht ebenfalls der eben Beschriebenen. Das Einlagern erfolgt allerdings nach gänzlich anderen Regeln.

TERMSIM HP beginnt den Stauvorgang bei jedem Container mit der Abfrage, in welcher Ebene er gelagert werden sollte. Danach wird untersucht, ob in der Längenposition, auf der der Kran steht, überhaupt ein Stellplatz frei ist. Ist das nicht

Laufende Containernummer	Geplante Einstauebene	Kranverfahren	Stellplatz Länge	Breite	Höhe	Abweichung von der geplanten Einstauebene
			in Positionen			
1	4	–	1	1	1	3
2	3	–	1	2	1	2
3	1	–	1	3	1	–
4	1	–	1	4	1	–
5	2	–	1	5	1	1
6	4	–	1	6	1	3
7	4	–	1	1	2	2
8	1	–	1	2	2	1
9	2	–	1	3	2	–
10	3	–	1	4	2	1
11	3	–	1	5	2	1
12	4	–	1	6	2	2
13	3	–	1	1	3	–
14	1	–	1	2	3	2
15	2	–	1	3	3	1
16	4	–	1	4	3	1
17	4	–	1	5	3	1
18	4	–	1	6	3	1
19	2	–	1	1	4	2
20	3	–	1	2	4	1
21	1	–	1	3	4	3
22	3	–	1	4	4	1
23	1	–	1	5	4	3
24	2	–	1	6	4	2
25	3	1	2	1	1	2
26	1	–	2	2	1	–
27	4	–	2	3	1	3
28	4	–	2	4	1	3
29	4	–	2	5	1	3
30	3	–	2	6	1	2
31	2	–	2	1	2	–
32	2	–	2	2	2	–
33	4	–	2	3	2	2
34	4	–	2	4	2	2
35	4	–	2	5	2	2
36	3	–	2	6	2	1
37	2	–	2	1	3	1
38	2	–	2	2	3	1
39	1	–	2	3	3	2
40	1	–	2	4	3	2
41	1	–	2	5	3	2
42	2	–	2	6	3	1
43	2	–	2	1	4	2
44	2	–	2	2	4	2
45	2	–	2	3	4	2
46	2	–	2	4	4	2
47	2	–	2	5	4	2
48	2	–	2	6	4	2

Tabelle 33: Einstauen der Container ohne Berücksichtigung der Abholer, dargestellt am Beispiel des Schiffes 33 bei vierfacher Stapelung.

der Fall, wird die nächste Längeneinheit auf die gleiche Weise analysiert. Wenn das Ergebnis aber positiv ist, muß geprüft werden, ob in der gewünschten Höhe ein Platz zur Verfügung steht. Kann das bejaht werden und ist sichergestellt, daß die darunterliegende Position belegt ist, wird der Container eingelagert und der nächste bearbeitet.

Ist in der geforderten Lage kein Platz mehr frei, oder die darunter liegende Ebene unbesetzt, dann muß - wenn alle Breitenpositionen durchgesehen wurden - der gleiche Ablauf ebenfalls in der nächsten Längeneinheit durchgeführt werden. Da jedes Kranverfahren Zeit in Anspruch nimmt, ist es aber nicht zweckmäßig, eine Option für die gesamte schiffsbezogen vorgehaltene Länge zu ermöglichen, vielmehr muß für das Verfahren eine Marge vorgegeben werden.

Im Rahmen der Versuchsserien erwies es sich als sinnvoll, dafür nicht mehr als drei Reihen - diejenige vor der Kranposition (falls diese nicht gleich eins ist), die Kranposition selbst und die Reihe danach (falls die Kranreihe nicht bereits die letzte ist) - vorzusehen. Bei einer darüber hinaus gehenden Spanne wuchs nicht nur das Verfahren zahlenmäßig stark an, auch konnten keine damit zu rechtfertigenden bessere Ergebnisse im Hinblick auf die Umstauproblematik erzielt werden.

Das Kranverfahren über die genannten Grenzen hinaus wurde daher nur noch zugelassen, wenn es technisch erforderlich war. Dieser Fall konnte beispielsweise eintreten, wenn der Kran auf Position zwei stand, der einzig überhaupt noch freie Stellplatz aber in Position fünf zu finden war. Wurden auf die beschriebene Weise nun alle zulässigen Längeneinheiten erfolglos durchsucht - in der Reihenfolge Kranreihe, Reihe davor, Reihe danach - dann waren drei Fälle zu unterscheiden.

Hat der Container die Soll-Zuweisung 'Höhe 1', wird die Vorgabe der Höhe um eine Einheit erhöht, und der beschriebene Suchvorgang erneut begonnen. Dies wiederholt sich solange, bis eine Einlagerung möglich wird. Liegt die geplante Höhenzuordnung zwischen der untersten und der obersten Lage, wird in diesen Grenzen die Vorgabe zunächst um eine Einheit gesenkt, wenn dies nicht zum gewünschten Erfolg führt anschließend um zwei erhöht, dann um drei gesenkt und so weiter, bis auch hier schließlich eine Einordnung des Behälters erfolgen kann. Die dritte Variante liegt vor, wenn die Sollvorgabe der obersten Lage entspricht, hier wird die Höhenzuteilung sukzessive herabgesetzt.

Nach diesen Regeln wird nach und nach die Ankunftsreihe abgearbeitet. Wie Tabelle 34, die die mit Tabelle 33 zu vergleichenden Daten enthält, entnommen werden kann, ist bei der abholerorientierten Einstauung die Anzahl des Kranverfahrens – im Beispiel acht – nicht unwesentlich höher. Dafür konnte allerdings die Summe der Ebenenabweichungen mit nunmehr nur 27 erheblich gesenkt werden.

45 ABGANGSPROZESS

Im Anschluß an die nach verschiedenen Strategien vollzogene Einstauung der Container in den für sie vorgehaltenen Lagerbereich, ist als letzter Schritt der Modellbildung der Abgangsprozeß darzustellen, der zugleich als Test der vorhergehend beschriebenen Dispositionsverfahren aufgefaßt werden kann. Wesentliche Aufgabe muß es dabei sein, eine zeitliche Verteilung der Abholung nachzubilden, die der Realität entspricht.

Die bei der Zuweisung der Einstaulagen in Abschnitt 432 vollzogene Loslösung der Behälter von den einzelnen Abholern, und die hiermit verbundene Identifizierung nur nach Ebenen – als Ausdruck einer aufgrund der empirischen Werte angenommenen zeitlichen Verteilung – erweist sich an dieser Stelle als problematisch und vorteilhaft zugleich. Inwiefern hier Schwierigkeiten auftreten, und wie sie gelöst werden können, soll im nächsten Abschnitt aufgezeigt werden, der sich mit der Aufstellung schiffs- und ebenorientierter Verweildauerverteilungen beschäftigt.

Damit wird die Voraussetzung für die darauf aufbauende, sich auf die gesamte auszulagernde Menge beziehende Abholverteilung geschaffen. Diese ist ihrerseits die Grundlage für die nun aufzustellende Abholreihe, die unter Berücksichtigung realitätsbezogener Gegebenheiten nach heuristischen Regeln gebil-

Laufende Container nummer	Geplante Einstau- ebene	Kranver- fahren	Stellplatz Länge	Stellplatz Breite	Stellplatz Höhe	Abweichung von der geplanten Einstauebene
			in Positionen			
1	4	–	1	1	1	3
2	3	–	1	1	2	1
3	1	–	1	2	1	–
4	1	–	1	3	1	–
5	2	–	1	2	2	–
6	4	–	1	1	3	1
7	4	–	1	1	4	1
8	1	–	1	4	1	–
9	2	–	1	3	2	–
10	3	–	1	2	3	–
11	3	–	1	3	3	–
12	4	–	1	2	4	–
13	3	–	1	4	2	1
14	1	–	1	5	1	–
15	2	–	1	5	2	–
16	4	–	1	3	4	–
17	4	–	1	4	3	1
18	4	–	1	4	4	–
19	2	–	1	6	1	1
20	3	–	1	5	3	–
21	1	1	2	1	1	–
22	3	–	2	1	2	1
23	1	–	2	2	1	–
24	2	–	2	2	2	–
25	3	–	2	1	3	–
26	1	–	2	3	1	–
27	4	–	2	1	4	–
28	4	1	1	5	4	–
29	4	1	2	2	3	1
30	3	–	2	3	2	1
31	2	1	1	6	2	–
32	2	1	2	4	1	1
33	4	–	2	2	4	–
34	4	–	2	3	3	1
35	4	–	2	3	4	–
36	3	1	1	6	3	–
37	2	1	2	4	2	–
38	2	–	2	5	1	1
39	1	–	2	6	1	–
40	1	–	2	5	2	1
41	1	–	2	6	2	1
42	2	–	2	4	3	1
43	2	–	2	5	3	1
44	2	–	2	6	3	1
45	2	–	2	4	4	2
46	2	–	2	5	4	2
47	2	–	2	6	4	2
48	2	1	1	6	4	2

Tabelle 34: Abholerorientiertes Einstauen der Container, dargestellt am Beispiel des Schiffes 33 bei vierfacher Stapelung.

det wird. Zieht man den Vergleich zur Einlagerung, dann ist
somit ein dem Ergebnis des Abschnittes 441 entsprechendes Stadium erreicht. Nunmehr kann, durch sukzessives Abarbeiten der
Abholreihe, das Auslagern der Container im Modell beginnen. Im
Hinblick auf die untersuchte Fragestellung ist dabei weniger
der Auslieferungsvorgang als solcher von Interesse. Vielmehr
sind die in diesem Zusammenhang anfallenden Umstaubewegungen
zu analysieren. Dafür müssen geeignete Umstaukriterien aufgestellt werden.

451 ERSTELLEN DER VERWEILDAUERVERTEILUNGEN

Bei der Gestaltung der Container-Auslieferung im Rahmen dieser
Untersuchung ergeben sich zunächst zwei grundsätzliche Schwierigkeiten. Die Reihenfolge, in der die Behälter den Terminal
verlassen, ist in einem direkten Zusammenhang zu den weiter
oben aufgestellten abholerorientierten Verweildauerverteilungen zu sehen, wobei es nahezuliegen scheint, daß der Zeitpunkt des Auslagerns für den einzelnen Container aufgrund der
Verteilung des ihm zugewiesenen Abholers bestimmt werden muß.

Diese Aussage ist mit der Tatsache in Einklang zu bringen, daß im vorigen Abschnitt dazu übergegangen wurde, die Behälter nur noch ebenenweise, nicht mehr aber bezogen auf den
einzelnen Abholer zu betrachten. Erscheint diese Vorgehensweise nach dem eben Gesagten als sachlich nicht mehr zu rechtfertigen, so muß vor einem endgültigen Urteil aber noch eine weitere Problematik berücksichtigt werden, die sich aus den Überlegungen des Abschnittes 421 ergibt und dort auch schon kurz
angesprochen wurde.

Wesentliches Ergebnis der Aufbereitung der Abholerdaten
war die Aufstellung einer Rangfolge der Straßenabholer anhand
der Mittelwerte ihrer empirischen Verweildauerverteilungen.
Wie aber auch aus den Tabellen 25a bis 25c und 26 ersehen werden kann, weisen die Verteilungen naturgemäß eine Streuung um
den Mittelwert auf. Dieser Tatbestand läßt nun insofern Zweifel an der Richtigkeit der an einzelnen Abholern orientierten
Auslagerung aufkommen, als es dadurch bei der schiffsweisen

Betrachtung - die hier zugrundegelegt werden muß - zu erheblichen Problemen kommen kann. Beachtet man die Ladungsdaten der Schiffe, wie sie beispielsweise den Tabellen 14a bis 14c zu entnehmen sind, dann ist festzustellen, daß sich nahezu bei jedem Frachter ein großer Teil der Ladung in Form einstelliger Containerstückzahlen auf eine Vielzahl von Abholern verteilt.

Wenn also die zeitliche Fixierung der Auslagerung eines jeden Behälters gemäß der Verweildauerverteilung seines Abholers vorgenommen werden soll, dann stellt sich zwangsläufig die Frage, wie ein einzelner Container anhand einer Verteilung, die - wie im Beispiel der Tabelle 25c - eine Streuung von 45 bis 282 Stunden aufweist, zeitlich einzuordnen ist.

Als Ausweg bietet sich der Einsatz eines Zufallszahlengenerators an. Gäbe es aber eine Möglichkeit, die das genannte Problem löst und gleichzeitig eine akzeptable Annäherung an die Verweildauerverteilungen, wie sie sich aus den empirischen Daten ableiten lassen, gewährleistet, dann sollte auf die Verwendung von Zufallszahlen verzichtet werden, da diesem Weg eine zu große Willkür anhaftet. Dies ergibt sich schon aus der problembedingten Einzelschiffbetrachtung und kann auch durch das eben angeführte Beispiel belegt werden.

Die gesuchte Lösungsmöglichkeit konnte in Form kombinierter schiffs- und ebenenorientierter Verweildauerverteilungen erarbeitet werden. Diese berücksichtigen den einzelnen Abholer nicht mehr direkt, sondern bilden das Verhalten der Abholergesamtheit des jeweiligen Schiffes nach. Ein solches Vorgehen ist insofern gerechtfertigt, als das Ziel dieser Ausführungen darin besteht, über eine zu erstellende Abholverteilung eine Abholreihe aufzubauen, die den realen Verhältnissen nachgebildet ist.

Dabei können die weiteren Überlegungen - bis zum Abschnitt 454, der das konkrete Auslagern behandelt - unabhängig sein vom tatsächlichen Stellplatz der Container, wie er in 442 und 441 zugewiesen wurde. Vielmehr muß die zeitliche Reihenfolge gewahrt werden, wie sie sich aus den Verteilungen und den Planvorgaben für die Einstauebenen schon bei der Bildung der Ankunftsreihe ergeben hat. Grundlage sind dabei zwar nach wie vor die Verweildauern, wie sie im Abschnitt 224 ermittelt wurden; die Daten mußten aber neu gruppiert werden. Das Vorgehen am Beispielschiff 33 soll das verdeutlichen.

An der Ladung des Frachters sind nach Tabelle 30 die Abholer 1, 3, 4, 5, 29, 30, 31 und 32 beteiligt. Bildet man aus den ihnen, im Rahmen der im zweiten Kapitel durchgeführten Datenanalyse, zugeordneten Verweildauern eine Gesamt- oder Schiffsverteilung - sie ist für das Beispiel in Tabelle 35 dargestellt - dann kann diese als repräsentativ im bisher beschriebenen Sinn für die zeitliche Auslieferung der Ladung des Schiffes angesehen werden.

Wie schon bei der Aufbereitung der Ausgangsdaten im Abschnitt 421 diskutiert - wenn auch in einem anderen Zusammenhang - so muß auch für die Abholung eine Verbindung zwischen der schiffsorientierten Verteilung der Verweildauern und der Stauebene im Containerlager hergestellt werden. Diese Beziehung konkretisiert sich in der Abholverteilung.

Bevor ihr Aufbau weiter unten gezeigt werden kann, müssen aber noch die einzelnen Ebenen unter zeitlichem Aspekt analysiert werden, da sie - bedingt durch die Vorgehensweise bei der Einlagerung - ebenfalls eine zeitorientierte Reihenfolge ausdrücken. Betrachtet man zur Erläuterung die vierlagige Variante für Schiff 33, dann ist aus Tabelle 30 abzulesen, daß beispielsweise in der ersten Ebene nur Abholer 32, in zweiter Lage 30 und 31 eingeordnet werden sollten.

Geht man jetzt wie bei der Bildung der Schiffsverteilung vor, dann ergibt sich aus den Daten der beiden Abholer die Ebenenverteilung für die zweite Lage. Sie ist in Tabelle 36 gezeigt, die Berechnung der Werte kann anhand der Tabellen 11, 25a und 25b nachvollzogen werden. Die Verweildauerverteilung der ersten Lage ist mit der des Abholers 32 (Tabelle 25c) identisch.

Das Programm TERMSIM HP, das den eben beschriebenen Ablauf rechenmäßig abdeckt, ermittelt als Voraussetzung für das Aufstellen der Abholverteilung für jedes Schiff auf die geschilderte Weise die Schiffs- und - für jede Variante - die jeweiligen Ebenenverteilungen.

Verweildauer in Stunden	relative Häufigkeit	relative Summen-häufigkeit	Verweildauer in Stunden	relative Häufigkeit	relative Summen-häufigkeit	Verweildauer in Stunden	relative Häufigkeit	relative Summen-häufigkeit
1	0.980	0.980	33	0.654	40.198	68	0.163	58.496
2	0.163	1.143	34	0.817	41.015	69	0.980	59.476
3	0.654	1.797	35	0.163	41.178	70	0.817	60.293
4	0.654	2.541	36	0.163	41.341	71	0.327	60.620
5	1.307	3.758	37	0.327	41.668	72	0.817	61.437
6	0.490	4.248	38	0.817	42.485	73	1.307	62.744
7	0.490	4.738	39	0.490	42.975	74	0.980	63.724
8	0.654	5.392	40	0.654	43.629	75	0.654	64.378
9	0.327	5.719	41	0.327	43.956	76	0.327	64.705
10	0.490	6.209	42	0.980	44.936	77	0.163	64.868
11	0.980	7.189	43	0.163	45.099	78	0.654	65.522
12	1.634	8.823	44	0.490	45.589	79	0.654	66.176
13	1.144	9.967	45	1.471	47.060	80	0.490	66.666
14	0.654	10.621	46	0.163	47.223	81	0.163	66.829
15	1.144	11.765	47	0.817	48.040	82	0.327	67.156
16	0.654	12.419	48	1.471	49.511	83	0.163	67.319
17	1.634	14.053	49	0.817	50.328	86	0.163	67.482
18	2.124	16.177	50	0.490	50.818	87	0.327	67.809
19	1.307	17.484	51	0.980	51.798	88	0.163	67.972
20	1.634	19.118	52	0.817	52.615	91	0.163	68.135
21	2.778	21.896	53	0.980	53.595	93	0.980	69.115
22	1.144	23.040	54	0.817	54.412	94	0.817	69.932
23	1.471	24.511	55	0.327	54.739	95	0.817	70.749
24	3.922	28.433	56	0.327	55.066*	96	0.817	71.566
25	0.980	29.413	57	0.327	55.393	97	0.654	72.220
26	1.634	31.047	59	0.327	55.720	98	1.144	73.364
27	2.451	33.498	60	0.490	56.210	99	0.654	74.018
28	1.634	35.132	61	0.163	56.373	100	0.163	74.181
29	1.144	36.276	64	0.327	56.700	101	1.144	75.325
30	1.797	38.073	65	0.163	56.863	102	0.327	75.652
31	0.817	38.890	66	0.490	57.353	103	0.490	76.142
32	0.654	39.544	67	0.163	57.516	104	0.490	76.632
				0.817	58.333	105		

Verweildauer in Stunden	relative Häufigkeit	relative Summenhäufigkeit	Verweildauer in Stunden	relative Häufigkeit	relative Summenhäufigkeit	Verweildauer in Stunden	relative Häufigkeit	relative Summenhäufigkeit
106	0.490	77.122	139	0.490	89.213	200	0.163	95.578
107	0.654	77.776	140	0.163	89.376	202	0.163	95.741
108	0.163	77.939	141	0.327	89.703	203	0.163	95.904
109	0.327	78.266	142	0.327	90.030	214	0.163	96.067
110	0.327	78.593	143	0.163	90.193	216	0.163	96.230
111	0.327	78.920	144	0.327	90.520	225	0.163	96.393
112	0.327	79.247	145	0.163	90.683	226	0.163	96.556
113	0.490	79.737	148	0.163	90.846	228	0.163	96.719
114	0.327	80.064	149	0.163	91.009	232	0.163	96.882
115	0.163	80.227	150	0.490	91.499	237	0.163	97.045
116	0.817	81.044	154	0.490	91.989	238	0.163	97.208
118	0.327	81.371	155	0.163	92.152	239	0.163	97.371
119	0.490	81.861	158	0.163	92.315	254	0.163	97.534
120	1.144	83.005	159	0.163	92.478	255	0.163	97.697
121	0.490	83.495	160	0.163	92.641	272	0.163	97.860
122	0.490	83.985	162	0.163	92.804	273	0.327	98.187
123	0.327	84.312	167	0.327	93.131	274	0.490	98.677
124	1.144	85.456	169	0.490	93.621	275	0.163	98.840
125	0.327	85.783	171	0.163	93.784	278	0.163	99.003
126	0.980	86.763	174	0.163	93.947	279	0.163	99.166
127	0.327	87.090	175	0.163	94.110	280	0.327	99.493
128	0.327	87.417	176	0.163	94.273	282	0.163	99.656
129	0.163	87.580	177	0.163	94.436	287	0.163	99.819
130	0.327	87.907	178	0.327	94.763	356	0.163	99.982*
133	0.327	88.234	179	0.163	94.926			
134	0.163	88.397	187	0.163	95.089			
135	0.163	88.560	192	0.163	95.252			
137	0.163	88.723	197	0.163	95.415			

* ausgabebedingter Rundungsfehler. Werte während des Simulationslaufes exakt.

Tabelle 35: Schiffsorientierte empirische Verweildauerverteilung für den Frachter 33 mit den relativen und den relativen Summenhäufigkeiten.

Verweildauer in Stunden	relative Häufigkeit	relative Summenhäufigkeit	Verweildauer in Stunden	relative Häufigkeit	relative Summenhäufigkeit	Verweildauer in Stunden	relative Häufigkeit	relative Summenhäufigkeit
5	0.735	0.735	88	1.471	34.557	134	0.735	72.789
8	0.735	1.470	94	1.471	36.028	135	0.735	73.524
12	0.735	2.205	95	2.206	38.234	139	2.206	75.730
19	1.471	3.676	96	2.206	40.440	142	1.471	77.201
25	0.735	4.411	99	2.206	42.646	144	0.735	77.936
26	0.735	5.146	100	1.471	44.117	145	0.735	78.671
30	0.735	5.881	101	0.735	44.852	150	1.471	80.142
31	0.735	6.616	102	3.675	48.527	154	2.206	82.348
33	0.735	7.351	103	0.735	49.262	155	0.735	83.083
34	2.941	10.292	104	0.735	49.997	158	0.735	83.818
38	1.471	11.763	105	0.735	50.732	159	0.735	84.553
40	0.735	12.498	106	1.471	52.203	162	0.735	85.288
41	0.735	13.233	109	1.471	53.674	167	1.471	86.759
42	0.735	13.968	110	1.471	55.145	169	1.471	88.230
48	1.471	15.439	111	0.735	55.880	171	0.735	88.965
53	1.471	16.910	113	1.471	57.351	174	0.735	89.700
54	0.735	17.645	114	0.735	58.086	175	0.735	90.435
56	1.471	19.116	115	0.735	58.821	176	0.735	91.170
59	0.735	19.851	116	0.735	59.596	177	0.735	91.905
64	0.735	20.586	118	0.735	60.291	178	1.471	93.376
70	0.735	21.321	119	0.735	61.026	179	0.735	94.111
72	0.735	22.056	120	2.206	63.232	187	0.735	94.846
73	1.471	23.527	121	0.735	63.967	192	0.735	95.581
74	0.735	24.262	122	0.735	64.702	200	0.735	96.316
76	1.471	25.733	124	2.941	67.643	216	0.735	97.051
78	0.735	26.468	125	0.735	68.378	226	0.735	97.786
79	1.471	27.939	126	0.735	69.113	232	0.735	98.521
80	2.941	30.880	127	0.735	69.848	238	0.735	99.256
82	0.735	31.615	130	0.735	70.583	356	0.735	99.991*
83	1.471	33.086	133	1.471	72.054			

* Rundungsfehler; s. Tab. 35

Tabelle 36: Ebenenorientierte empirische Verweildauerverteilung der Abholer 30 und 31 für die Ladung des Frachters 33, zweite Einstauebene bei vierlagiger Stapelung mit den relativen und relativen Summenhäufigkeiten.

452 ABHOLVERTEILUNG

Der Grundgedanke der weiteren Ausführungen ist darin zu sehen, eine Abholverteilung als Ergebnis der Verbindung zwischen Schiffs- und den jeweiligen Ebenenverteilungen derart aufzustellen, daß die Beziehung zwischen der zeitlichen Folge der Abholung und den Einstaulagen deutlich gemacht werden kann. Dieser Schritt wird dadurch erforderlich, daß aufgrund der Streuung, der den Einstauvorgängen zugrundeliegenden Verteilungen, in praxi der Fall eintreten kann, daß ein in der vierten Lage gestapelter Container zu einer Zeit abgeholt wird, die eigentlich seine Einlagerung in die zweite Ebene erforderlich gemacht hätte.

Nach den bisherigen Ausführungen kann zunächst davon ausgegangen werden, daß je Höhenposition gleichviel Stellplätze zur Verfügung stehen. Wenn man unter diesem Gesichtspunkt die vierlagige Variante betrachtet, müssen in jeder Lage 25 Prozent der Schiffsladung eingestapelt sein. Nach der Darstellung im vorigen Abschnitt ist es nun in der Modellbetrachtung gerechtfertigt, die Schiffsverteilung als Grundlage der zeitlichen Verteilung der Containerauslieferung für die Ladung des betreffenden Frachters anzunehmen.

Es erscheint daher folgerichtig, die relativen Häufigkeiten dieser Verteilung - beginnend mit der Verweildauer 1 - so lange aufzusummieren, bsi ein Wert erzielt wird, der dem genannten prozentualen Anteil einer Ebene entspricht. Ein solcher Begrenzungswert ist für das Beispielschiff - wie mit Hilfe der Tabelle 35 ermittelt werden kann - erstmals zwischen den Verweildauern 23 (24.511 Prozent) und 24 (28.433 Prozent) erreicht.

Da entsprechend den bisherigen Datenanalysen ganzzahlige Verweildauerwerte angenommen werden sollen, werden im Hauptprogramm TERMSIM HP diejenigen Daten als Begrenzer errechnet, die die geringste Abweichung zum prozentualen Ebenenanteil (hier 25 Prozent) aufweisen. Im vorliegenden Fall ist das die Dauer 23. Dieser Wert besagt nun, daß alle Container, mit Verweildauern bis zu 23 Stunden in der obersten Lage liegen müßten.

Beginnend mit 24 werden im Programm nun wieder die relativen Häufigkeiten addiert, bis zur Verweildauer 48 mit genau 25 Prozent. Diese Zahl kann aus Tabelle 35 nicht direkt abgelesen werden, ist aber als Differenz aus 48 und 23 (49.511 - 24.511 = 25.000) leicht zu bestimmen. Das bedeutet, daß die Behälter, deren Dauern im Bereich zwischen 23 und 48 Stunden liegen, in der dritten Ebene zu finden sein müßten.

Auf gleiche Weise wird als dritte Grenze 101 berechnet, die letzte ergibt sich naturgemäß als der Schlußwert der Verteilung, hier 356. Diese vier Zahlen stellen nun die Verbindung zur Analyse der einzelnen Staulagen her, wobei die im letzten Abschnitt aufgestellten Ebenenverteilungen zu untersuchen sind. Das Vorgehen sei am Beispiel der zweiten Ebene demonstriert.

Tabelle 36 zeigt die Verweildauerverteilung aus den Daten der Abholer 30 und 31, denen im Abschnitt 432 aufgrund ihrer Position in der Rangfolge der Abholer und wegen ihres Mengenanteils am Schiff 33 die zweite Lage zugewiesen wurde. Diese Verteilung wird nun unter Zuhilfenahme der eben ermittelten Begrenzungswerte analysiert, indem jeweils bis zu den Grenzen die relativen Häufigkeiten aufsummiert werden. Im Beispiel errechnet sich bis zur ersten Grenze (23) ein relativer Anteil von 3.676 Prozent.

Von diesem Wert bis zum zweiten (48) beläuft sich der Prozentsatz auf 11.763 (15.439 - 3.676), von 48 bis 101 auf 29.413 (44.852 - 15.439) und für die letzte Grenze (102 bis 356) schließlich 55.148 Prozent (100 - 44.852). Auf die gleiche Weise wird mit den übrigen Staulagen verfahren, die Ergebnisse sind in Tabelle 37 zusammengestellt. Die so gewonnene Abholverteilung soll dabei ebenfalls am Beispiel der zweiten Ebene interpretiert werden.

Aufgrund des Mittelwertkriteriums wurden die 16 an 30 und 31 auszuliefernden Container der zweiten Lage zugewiesen. Anhand der aus den Daten aller am Schiff 33 beteiligten Abholer erstellten Schiffsverteilung wurde - in Verbindung mit der prozentualen Aufnahmefähigkeit der einzlenen Höhenposition -

Aufgrund des Mittelwert-kriteriums geplante Ebene	Container in Stück	Aufgrund der Streuung der Verteilungen erfolgt die Abholung aber zu einem Zeitpunkt, wonach eine Einordnung von ... Containerstück, gleich ... Prozent in Ebene ... hätte erfolgen müssen.							
		1		2		3		4	
		Stück	Prozent	Stück	Prozent	Stück	Prozent	Stück	Prozent
1	10	7	70.588	2	17.647	1	11.765	–	–
2	16	9	55.148	4	29.413	2	11.763	1	3.676
3	9	2	22.353	2	24.706	1	12.941	4	40.000
4	13	2	13.904	3	23.262	4	33.155	4	29.679
Summe	48	20	41.667	11	22.917	8	16.667	9	18.750

Tabelle 37: Abholverteilung für Schiff 33 bei vierlagiger Stapelung.

errechnet, bis zu jeweils welcher Verweildauer die Container des Frachters in welcher Ebene gelagert werden müßten. Mit den so ermittelten Begrenzungswerten wurden nun die Ebenenverteilungen, die sich aus den Daten der einer Lage zugeordneten Abholer ergeben, analysiert und festgestellt, welcher Anteil dieser Container aufgrund der Streuung der Abholerverteilungen eigentlich in einer anderen Lage hätte eingestaut werden müssen - und welcher Anteil dabei welcher Staulage zuzurechnen wäre - um den Anforderungen der Abholung zu entsprechen.

Wie bereits weiter oben für den Ankunftsprozeß nachgewiesen wurde, ist demnach auch bei der Auslieferung die Ebene Ausdruck einer zeitlichen Reihung, womit es überflüssig wird, den einzelnen Abholer zu betrachten. Im Hinblick auf die Abbildung im Modell kann damit nicht nur eine Vereinfachung erzielt, sondern auch die im vorangegangenen Abschnitt dargestellte Problematik zufriedenstellend gelöst werden. Zur abschließenden Erläuterung des Ergebnisses ist beispielhaft die Bedeutung eines Wertes aus der Summenzeile der Tabelle 37 zu beschreiben.

Danach werden - entsprechend der Streuung der Verteilungen - neun Container der Schiffsladung zuerst, also zu einem Zeitpunkt abgeholt, wonach ihre Einordnung in Ebene vier hätte erfolgen müssen. Aufgrund des Mittelwertkriteriums hatten aber nur vier dieser neun Behälter tatsächlich die Option 'Höhe 4' vier dagegen 'Höhe 3' und einer sogar nur 'Höhe 2'.

Die Abholverteilungen werden schiffs- und lagenorientiert im Programm TERMSIM HP nach der beschriebenen Vorgehensweise berechnet.

453 ABHOLREIHE

Um die Straßenabholung der Container im Modell schrittweise nachvollziehen zu können, ist eine aus Forderungen nach Auslieferung einzelner Behälter bestehende Abholreihe zu entwickeln, die dann sukzessive abgearbeitet werden muß. Die Grundlage der an dieser Stelle durchzuführenden Berechnungen bildet dabei die im vorangegangenen Abschnitt beschriebene Abholverteilung. Die Vorgehensweise, die zur Ermittlung der gesuchten Reihe führt, soll an dem in Tabelle 37 gezeigten Beispiel erläutert werden. Die Auswertungen erfolgen auch hier wieder im Hauptteil des Simulationsprogramms TERMSIM HP.

Der Summenzeile in Tabelle 37 kann nun zunächst entnommen werden, daß - korrespondierend zur Zahl der Ebenen - vier Containergruppen existieren, deren Zuordnung zu einer Staulage Ausdruck einer zeitlichen Reihung dergestalt ist, daß neun vor acht vor elf vor 20 Behältern abgeholt werden. Innerhalb einer jeden Gruppe ist nun wieder aufgeschlüsselt worden, aus wievielen Containern mit welcher ursprünglich geplanten Stauebene sie besteht.

Bei der Einlagerung wurde weiter oben jedem Container eine laufende Nummer und die Nummer einer gewünschten Höhenposition zugewiesen. Das Programm arbeitet nun die Behälter einer Schiffsladung anhand dieser laufenden Nummer - beginnend mit 1 - aufsteigend ab. Dabei wird zuerst geprüft, welche Ebenennummer der Container aufweist. Wie Tabelle 32 entnommen werden kann, ist dies im gewählten Beispiel für den ersten Behälter die vier.

Jetzt wird untersucht, ob Container mit dieser Höhenzuweisung in Gruppe 1 enthalten sind - nach Tabelle 37 sind das zwei Stück - wenn das Ergebnis positiv ist, wird dieser Anteil um eine Einheit vermindert, und dem betrachteten Behälter innerhalb der Gruppe zufällig ein Platz - im Beispiel zwischen eins und 20 zugewiesen. Für diese Zuweisung wird unter Einsatz des bereits erwähnten Zufallszahlengenerators RANDOM eine Zahl innerhalb der jeweiligen Gruppengrenzen erzeugt, geprüft ob diese Position bereits belegt ist und anschließend die Zuordnung vorgenommen, oder - bei negativem Ergebnis - eine weitere Zufallszahl erzeugt.

Der erste Container erhielt dabei innerhalb seiner Abteilung die Position 18, innerhalb der Abholreihe ist er der 46ste - neun (Gruppe 4) plus acht (3) plus elf (2) plus 18 Behälter - zu bearbeitende Straßencontainer. Die laufende Nummer 2 hat die Lagenzuweisung 3. Hier besteht in Gruppe 1 ein Bedarf von zwei Behältern, dieser Bestand wird um eine Einheit vermindert, der Container erhält innerhalb der Abteilung die zehnte Position, er ist damit der 38ste in der Gesamtreihe. Nach diesem Verfahren wird nun der gesamte Bestand an laufenden Nummern sukzessive abgearbeitet, solange bis jedem Behälter ein Platz innerhalb einer der vier Gruppen - bei fünf- oder sechslagiger Stapelung entsprechend fünf oder sechs Abteilungen - und damit in der Abholreihe zugewiesen worden ist.

Die vollständige Reihe ist Tabelle 38 zu entnehmen. Sie beinhaltet - ohne explizit auf einzelne Abholer eingehen zu müssen - alle von ihnen ausgehenden zeitlichen Einflüsse. Da sie gleichzeitig die Bedingungen jeden Schiffes und der jeweils betrachteten Lagenvariante berücksichtigt, kann von einer bestmöglichen Annäherung an die realen Bedingungen der Auslieferung - bei einfacher Handhabung - gesprochen werden.

454 AUSLAGERN UND UMSTAUEN

Ebenso wie beim Einstauen ist auch beim Auslagern, dies konnte bei der Behandlung der bedienungstheoretischen Elemente gezeigt werden, die strenge Schlangendisziplin anzuwenden. Gleichzeitig wird es, in Verbindung mit der Pufferfunktion des Interchange, unerheblich, wieviel Zeit zwischen den einzelnen Forderungsankünften verstreicht. Damit ist gewährleistet, daß die aufgestellte Abholreihe sukzessive abgearbeitet werden kann.

Der wesentliche Aspekt dieses Abschnittes ist dabei darin zu sehen, die Regeln darzustellen, die für den Fall angewendet werden, daß ein Auslagerungsvorgang mit Umstaubewegungen verbunden ist. Das Auslagern selbst ist, wie weiter oben schon ausgeführt wurde, grundsätzlich unabhängig von der dem Einstauen zugrundeliegenden Strategie und kann daher für beide Einlagerungsvarianten gleichzeitig beschrieben werden. Lediglich in bezug auf das Umstauen besteht ein marginaler, noch zu erläuternder Unterschied.

Der im folgenden dargelegte Programmablauf wiederholt sich für jeden Container, solange bis die gesamte Schiffsladung ausgeliefert ist. Der erste Arbeitsschritt besteht darin,

Position in der Abholreihe	Gruppe	Laufende Containernummer	Geplante Einstauebene
1	1	29	4
2	2	22	3
3	3	35	4
4	4	25	3
5	5	30	3
6	6	48	2
7	7	34	4
8	8	33	4
9	8	36	3
10	1	47	2
11	2	28	4
12	3	27	4
13	4	20	3
14	5	18	4
15	6	41	1
16	7	46	2
17	8	17	4
18	1	16	4
19	2	44	2
20	3	12	4
21	4	13	3
22	5	7	4
23	6	40	1
24	7	43	2
25	8	42	2
26	9	11	3
27	10	39	1
28	11	45	2
29	1	9	2
30	2	10	3
31	3	8	1
32	4	6	4
33	5	15	2
34	6	4	1
35	7	23	1
36	8	19	2
37	9	31	2
38	10	2	3
39	11	38	2
40	12	37	2
41	13	5	2
42	14	24	2
43	15	3	1
44	16	32	2
45	17	21	1
46	18	1	4
47	19	26	1
48	20	14	1

Tabelle 38: Die Abholreihe für Schiff 33 bei vierlagiger Stapelung mit den laufenden Containernummern und der geplanten Einstauebene je Container, geordnet nach der Position in der Reihe.

die laufende Nummer des auszulagernden Containers zu registrieren und mit ihrer Hilfe anhand der Einstaudokumentation die Stellplatzpositionen zu identifizieren, die den Standort des Behälters im Lager charakterisieren. Ist dieser Vorgang beendet, wird festgestellt, ob auf dem Auszuliefernden noch andere Container abgestellt sind, wenn ja, wieviele.

Liegt der Behälter dagegen in der obersten Lage, oder sind die Plätze über ihm unbesetzt, kann direkt ausgelagert werden. Dies geschieht im Modell durch Löschen der Containermerkmale in der Stellplatzdokumentation, die diesen Platz damit als frei ausweist. Tritt dagegen die erstgenannte Variante ein, wird ein Umstauen erforderlich. Da eine Umstaubewegung bedeutet, daß ein störender Behälter aufgenommen und an anderer Stelle abgesetzt wird, sind zwei Varianten zu unterscheiden.

Zum einen ist der eben beschriebene Fall möglich, es ist aber - speziell zu Beginn der Auslieferungsvorgänge - auch denkbar, daß die Zahl alternativer Stellplätze geringer ist, als die Zahl der umzustauenden Container. Diese überzähligen Umstauer werden dann im Programm gepuffert - in der Realität auf der Fahrlage abgestellt - und müssen nach Auslagerung des gewünschten Containers wieder in den Bereich eingestaut werden. Es sind demzufolge für jeden gepufferten Behälter zwei Bewegungen erforderlich.

Der Regelfall besteht aber in dem einmaligen Vorgang, das heißt, das Anfassen des störenden Containers und sein Abstellen auf einem freien Platz. Müssen beispielsweise zwei Container umgestaut werden, dann ist jetzt folgendermaßen vorzugehen. Zunächst wird für den obersten in seiner Längenposition, beginnend mit der Breite 1 und der Höhe 1 ein alternativer Stellplatz gesucht. Bei abholerorientierter Einstauung wird die Suche in der Ebene begonnen, der der Behälter zugeordnet war. Erst wenn auf diesem Wege eine Zuweisung nicht möglich ist, also kein freier Platz in dem durch Breite und Höhe determinierten Lagerraum existiert, wird das gleiche Verfahren in den benachbarten Lägenpositionen solange wiederholt, bis ein Einstapeln erfolgen kann.

Dann wird die neue Position des Umstauers dokumentiert und der von ihm bisher belegte Stellplatz als frei gekennzeichnet. Auf die gleiche Weise wird der im Beispiel angenommene zweite störende Container verlagert. Daran anschließend kann der gewünschte Behälter wie oben beschrieben ausgeliefert werden, wobei die Zahl der für ihn erforderlichen Umstaubewegungen registriert wird.

Sind schließlich alle Container gelöscht worden, ist der Simulationslauf für ein Schiff und eine Höhenvariante beendet. Die Ergebnisse für das in diesem Kapitel verwendete Beispiel können den Tabellen 39 und 40 entnommen werden.

Die eben charakterisierten Vorgänge sollen abschließend an den ersten Containern nach Tabelle 39 erläutert werden. Der zuerst auszulagernde Behälter 29 liegt in Ebene 1, es müssen folglich drei Container - und zwar die Nummern 35, 41 und 47 - umgestaut werden. Da in diesem Stadium noch alle Plätze belegt sind, werden die drei gepuffert, so daß sechs Umstaubewegungen entstehen. Nach der Auslieferung von 29 steht daher 35 auf Position 2-5-1, 41 auf 2-5-2 und 47 auf 2-5-3, Stellplatz 2-5-4 ist unbesetzt.

Container 22 kann als zweiter in der Abholreihe ohne Umstauen in der Stellplatzdokumentation gelöscht werden, da er in oberster Lage liegt. Platz 1-4-4 ist danach ebenfalls frei. Auf dem dritten Behälter, Nummer 35, lagern 41 und 47. 47 wird auf die einzig freie Position 1-4-4 gesetzt, 41 muß gepuffert werden, so daß hier drei Umstaubewegungen anfallen. Nach Abschluß des Vorganges steht 41 auf 2-5-1, die Positionen 2-5-2 bis 2-5-4 sind unbesetzt. In diesem Sinn wird weiter fortgefahren.

Vergleicht man die Ergebnisse der Tabelle 39 mit denen der Tabelle 40, dann wird deutlich, daß die Variante der ohne Berücksichtigung der Abholer eingelagerten Container mit 37 gegenüber nur 13 Bewegungen bei abholerorientierter Einstauung erheblich umstauintensiver ist.

Abhol-position	Laufende Containernummer	Geplante Einstauebene	Stellplatz Länge	Stellplatz Breite	Stellplatz Höhe	Umstaubewegungen beim Auslagern
			in Positionen			
1	29	4	2	5	1	6
2	22	3	1	4	4	-
3	35	4	2	5	2	3
4	25	3	2	1	1	3
5	30	3	2	6	1	3
6	48	2	2	6	4	2
7	34	4	2	4	2	2
8	33	4	2	3	2	2
9	36	3	2	6	2	1
10	47	2	2	5	4	-
11	28	4	2	4	1	1
12	27	4	2	3	1	1
13	20	3	1	2	4	-
14	18	4	1	6	3	1
15	41	1	2	5	3	3
16	46	2	2	4	4	2
17	17	4	1	5	3	1
18	16	4	1	4	3	-
19	44	2	2	2	4	-
20	12	4	1	6	2	-
21	13	3	1	1	3	1
22	7	4	1	1	2	-
23	40	1	2	4	3	-
24	43	2	2	1	4	-
25	42	2	2	6	3	1
26	11	3	1	5	2	-
27	39	1	2	3	3	-
28	45	2	2	3	4	-
29	9	2	1	3	2	2
30	10	3	1	4	2	-
31	8	1	1	2	2	1
32	6	4	1	6	1	1
33	15	2	1	3	3	1
34	4	1	1	4	1	-
35	23	1	1	5	4	-
36	19	2	1	1	4	-
37	31	2	2	1	2	-
38	2	3	1	2	1	-
39	38	2	2	2	3	-
40	37	2	2	1	3	-
41	5	2	1	5	1	-
42	24	2	1	6	4	-
43	3	1	1	3	1	-
44	32	2	2	2	2	-
45	21	1	1	3	4	-
46	1	4	1	1	1	-
47	26	1	2	2	1	-
48	14	1	1	2	3	-

Tabelle 39: Auslagern der ohne Berücksichtigung der Abholer eingestauten Container des Schiffes 33 bei vierlagiger Stapelung.

Abhol-position	Laufende Container-nummer	Geplante Einstau-ebene	Stellplatz			Umstaubewegungen beim Auslagern
			Länge	Breite	Höhe	
			in Positionen			
1	29	4	2	5	1	2
2	22	3	2	1	2	3
3	35	4	2	3	4	–
4	25	3	2	1	3	–
5	30	3	2	3	2	1
6	48	2	1	6	4	–
7	34	4	2	3	3	–
8	33	4	2	2	4	1
9	36	3	1	6	3	1
10	47	2	2	6	4	–
11	28	4	1	5	4	–
12	27	4	2	1	4	–
13	20	3	1	5	3	–
14	18	4	1	4	4	–
15	41	1	2	6	2	1
16	46	2	2	5	4	1
17	17	4	1	4	3	–
18	16	4	1	3	4	–
19	44	2	2	6	3	–
20	12	4	1	2	4	–
21	13	3	1	4	2	–
22	7	4	1	1	4	–
23	40	1	2	5	2	1
24	43	2	2	5	3	–
25	42	2	2	4	3	1
26	11	3	1	3	3	–
27	39	1	2	6	1	–
28	45	2	2	4	4	–
29	9	2	1	3	2	–
30	10	3	1	2	3	–
31	8	1	1	4	1	–
32	6	4	1	1	3	–
33	15	2	1	5	2	–
34	4	1	1	3	1	–
35	23	1	2	2	1	1
36	19	2	1	6	1	1
37	31	2	1	6	2	–
38	2	3	1	1	2	–
39	38	2	2	5	1	–
40	37	2	2	4	2	–
41	5	2	1	2	2	–
42	24	2	2	2	2	–
43	3	1	1	2	1	–
44	32	2	2	4	1	–
45	21	1	2	1	1	–
46	1	4	1	1	1	–
47	26	1	2	3	1	–
48	14	1	1	5	1	–

Tabelle 40: Auslagern der nach der Strategie des abholerorientierten Einstauens gestapelten Container des Schiffes 33 bei vierlagiger Stapelung.

5. Kapitel

ERGEBNIS DER UNTERSUCHUNG DES CONTAINERUMSCHLAGMODELLES

51 DARSTELLUNG DER SIMULATIONSLÄUFE

Gemäß dem im vierten Kapitel beschriebenen und an einem Beispielschiff analysierten Modell, waren nun die abgeleiteten Aussagen mittels entsprechender Simulationsläufe nachzuprüfen. Der gesamte Komplex wurde dabei vom Programm TERMSIM gesteuert und abgewickelt. Die Simulationsläufe erstreckten sich auf die ausgewerteten 46 empirischen Schiffe und die daraus abgeleiteten vier Typfrachter. Für jedes dieser Schiffe wurden die Varianten der vier-, fünf- und sechslagigen Stapelung untersucht. Das Simulationskonzept ist datenverarbeitungsgemäß dabei folgendermaßen realisiert worden.

Die Verweildauern der Abholer wurden in einer Datei gespeichert. In Stufe 1 berechnete dann der Modul MWERT für alle 32 Straßenabholer die Verteilungen, für jede Verteilung den Mittelwert, ordnete diese aufsteigend und lagerte sie ebenfalls in einer Datei ab. Auf dieser Basis konnten dann auch die Ladungsdaten der Schiffe in einer langfristigen Datei (LFD), die den Inhalt über den einzelnen Programmlauf hinausgehend sichert, eingegeben werden.

In Stufe 2 wurden durch das Unterprogramm SCHDAT die Werte für die Typschiffe berechnet und damit die Schiffsdatei ergänzt. Der Programmteil STRUKTUR ermittelte in Stufe 3 für alle Frachter und alle drei Stauvarianten die Lagerplatzpositionen, die ebenfalls in einer LFD abgelegt wurden.

Die Stufe 4 ist der erste, auf das einzelne Schiff bezogene Arbeitsschritt, der für jeden Frachter wieder neu durchlaufen werden muß. Hier wird durch EINEBENE die Ebenenzuweisung für die drei Höhenmodelle je Einzelschiff vorgenommen.

Mit Stufe 5 beginnt dann das Hauptprogramm TERMSIM HP, das schiffsweise auf die einzelne Stauvariante abstellt, je Frachter also dreimal abgearbeitet werden muß. Hier ist die Ankunftsreihe aufzustellen, dann sind die beiden Einstaufälle durchzuspielen und zu dokumentieren und schließlich muß der Abgangsprozeß - Erstellen der Schiffs-, Ebenen-, Abholverteilung und der Abholreihe, sowie Auslagern und Umstauen der Container für beide Varianten einschließlich Dokumentation - rea-

Schiff	Kranverfahren in Positionen			Umstauen in Bewegungen		
	ohne Abholerberücksichtigung	mit Abholerberücksichtigung	Differenz	ohne Abholerberücksichtigung	mit Abholerberücksichtigung	Differenz
1	4	37	33	122	72	50
2	3	23	20	87	33	54
3	2	18	16	74	16	58
4	3	27	24	79	45	34
5	2	12	10	66	11	55
6	5	34	29	124	50	74
7	5	37	32	103	49	54
8	4	32	28	68	33	35
9	3	27	24	77	43	34
10	3	27	24	85	56	29
11	2	17	15	44	19	25
12	2	12	10	64	16	48
13	1	5	4	37	16	21
14	2	12	10	53	27	26
15	4	24	20	72	32	40
16	4	32	28	90	40	50
17	2	16	14	57	34	23
18	2	12	10	46	30	16
19	2	9	7	38	27	11
20	4	31	27	86	53	33
21	3	23	20	67	42	25
22	3	23	20	60	42	18
23	3	21	18	84	53	31
24	3	20	17	75	46	29
25	2	15	13	72	52	20
26	5	33	28	97	33	64
27	3	21	18	76	40	36
28	2	10	8	49	35	14
29	2	10	8	32	12	20

Schiff	Kranverfahren in Positionen			Umstauen in Bewegungen		
	ohne Abholerberücksichtigung	mit Abholerberücksichtigung	Differenz	ohne Abholerberücksichtigung	mit Abholerberücksichtigung	Differenz
30	1	3	2	35	26	9
31	–	–	–	15	8	7
32	–	–	–	16	8	8
33	1	8	7	37	13	24
34	–	–	–	13	4	9
35	–	–	–	7	6	1
36	–	–	–	18	4	14
37	–	–	–	7	3	4
38	–	–	–	9	5	4
39	–	–	–	15	8	7
40	–	–	–	6	2	4
41	–	–	–	9	7	2
42	–	–	–	20	7	13
43	–	–	–	15	8	7
44	–	–	–	9	4	5
45	–	–	–	8	8	–
46	–	–	–	16	11	5
47	3	21	18	76	40	36
48	3	19	16	63	35	28
49	–	–	–	13	8	5
50	–	–	–	205	85	120
Summe	99	719	620	2696	1357	1339

Schiff	Kranverfahren in Positionen			Umstauen in Bewegungen		
	ohne Abholerberücksichtigung	mit Abholerberücksichtigung	Differenz	ohne Abholerberücksichtigung	mit Abholerberücksichtigung	Differenz
30	1	3	2	35	26	9
31	–	–	–	15	8	7
32	–	–	–	16	8	8
33	1	8	7	37	13	24
34	–	–	–	13	4	9
35	–	–	–	7	6	1
36	–	–	–	18	4	14
37	–	–	–	7	3	4
38	–	–	–	9	5	4
39	–	–	–	15	8	7
40	–	–	–	6	2	4
41	–	–	–	9	7	2
42	–	–	–	20	7	13
43	–	–	–	15	8	7
44	–	–	–	9	4	5
45	–	–	–	8	8	–
46	–	–	–	16	11	5
47	3	21	18	76	40	36
48	3	19	16	63	35	28
49	–	–	–	13	8	5
50	6	48	42	205	85	120
Summe	99	719	620	2696	1357	1339

Tabelle 41: Ergebnisse der Simulationsläufe für 50 Untersuchungsschiffe bei der vierlagigen Stapelung.

Schiff	Kranverfahren in Positionen			Umstauen in Bewegungen		
	ohne Abholerberücksichtigung	mit Abholerberücksichtigung	Differenz	ohne Abholerberücksichtigung	mit Abholerberücksichtigung	Differenz
1	3	44	31	177	75	102
2	2	32	30	92	42	50
3	2	16	14	85	54	31
4	2	32	30	103	51	52
5	2	18	16	88	44	44
6	3	45	42	160	80	80
7	4	40	36	161	67	94
8	2	16	14	104	36	68
9	2	32	30	108	75	33
10	3	31	28	107	53	54
11	2	17	15	66	36	30
12	2	18	16	85	35	50
13	1	7	6	38	15	23
14	1	7	6	51	16	35
15	2	13	12	70	19	51
16	1	19	17	102	41	61
17	1	9	8	58	42	16
18	1	13	12	46	23	23
19	1	7	6	44	26	18
20	3	30	27	113	57	56
21	4	26	22	101	58	43
22	2	22	20	96	46	50
23	2	26	24	111	50	61
24	2	26	24	104	49	55
25	2	28	26	87	55	32
26	2	23	21	114	53	61
27	2	26	24	103	62	41
28	1	9	8	43	17	26
29	1	9	8	43	22	21

Schiff	Kranverfahren in Positionen			Umstauen in Bewegungen		
	ohne Abholerberücksichtigung	mit Abholerberücksichtigung	Differenz	ohne Abholerberücksichtigung	mit Abholerberücksichtigung	Differenz
30	1	7	6	46	29	17
31	–	–	–	19	15	4
32	–	–	–	28	20	8
33	–	–	–	31	13	18
34	–	–	–	27	22	5
35	–	–	–	18	18	–
36	–	–	–	25	18	7
37	–	–	–	24	12	12
38	–	–	–	10	10	–
39	–	–	–	23	16	7
40	–	–	–	6	4	2
41	–	–	–	9	6	3
42	–	–	–	18	8	10
43	–	–	–	21	7	14
44	–	–	–	27	22	5
45	–	–	–	13	7	6
46	–	–	–	16	8	8
47	2	26	24	119	55	64
48	4	37	33	105	37	68
49	–	–	–	20	10	10
50	5	72	67	296	140	156
Summe	70	783	713	3561	1776	1785

Tabelle 42: Ergebnisse der Simulationsläufe für 50 Untersuchungsschiffe bei der fünflagigen Stapelung.

Schiff	Kranverfahren in Positionen			Umstauen in Bewegungen		
	ohne Abholerberücksichtigung	mit Abholerberücksichtigung	Differenz	ohne Abholerberücksichtigung	mit Abholerberücksichtigung	Differenz
1	4	60	54	206	110	96
2	2	26	24	133	63	70
3	2	26	24	121	53	68
4	4	54	50	144	55	89
5	3	37	34	124	46	78
6	3	49	46	229	77	152
7	3	42	39	162	65	97
8	2	27	25	135	53	82
9	4	56	52	180	63	117
10	3	41	38	148	64	84
11	2	27	25	97	47	50
12	3	37	34	101	43	58
13	1	11	10	59	27	32
14	1	11	10	87	38	49
15	2	26	24	81	34	47
16	2	26	24	120	54	66
17	2	30	28	109	54	55
18	1	9	8	59	22	37
19	1	6	5	60	34	26
20	2	26	24	118	53	65
21	2	28	26	113	71	42
22	3	46	43	108	39	69
23	4	56	52	154	74	80
24	2	30	28	119	66	53
25	2	30	28	94	51	43
26	3	45	42	168	69	99
27	2	32	30	99	48	51
28	1	9	8	65	49	16
29	1	9	8	60	26	34

Schiff	Kranverfahren in Positionen			Umstauen in Bewegungen		
	ohne	mit	Differenz	ohne	mit	Differenz
	Abholerberücksichtigung			Abholerberücksichtigung		
30	1	17	16	57	37	20
31	–	–	–	25	21	4
32	–	–	–	34	24	10
33	–	–	–	31	24	7
34	–	–	–	42	24	18
35	–	–	–	31	20	11
36	–	–	–	31	18	13
37	–	–	–	21	13	8
38	–	–	–	28	12	16
39	–	–	–	40	35	5
40	–	–	–	32	20	12
41	–	–	–	29	15	14
42	–	–	–	42	24	18
43	–	–	–	20	11	9
44	–	–	–	20	6	14
45	–	–	–	25	11	14
46	–	–	–	37	15	22
47	4	58	54	156	51	105
48	2	28	26	115	61	54
49	–	–	–	39	21	18
50	6	102	96	314	102	212
Summe	80	1115	1035	4602	2093	2509

Tabelle 43: Ergebnisse der Simulationsläufe für 50 Untersuchungsschiffe bei der sechslagigen Stapelung.

lisiert werden. Ist die Stufe 5 auf diese Weise dreimal durchlaufen worden, kann die Simulation mit einem weiteren Schiff bei Stufe 4 fortgesetzt werden.

Da die Ergebnisse der Stufen 1 bis 3 auf LFD gesichert wurden, brauchten diese Teilschritte nur einmal vollzogen werden. Insgesamt wurden so 150 Simulationsläufe, 50 Schiffe à drei Varianten, gefahren.

Dabei verbrauchte die Stufe 1 etwa elf Sekunden, Stufe 2 0.8 Sekunden, Stufe 3 1.8 Sekunden, Stufe 4 durchschnittlich 0.7 Sekunden für ein Schiff und Stufe 5 durchschnittlich 21 Sekunden - Ankunftsprozeß zwei, Abgangsprozeß 19 Sekunden - Rechnerkernzeit je Schiff und Ebenenvariante. Der gesamte Simulationskomplex über alle 150 Läufe beansprucht damit nur rund 53 Minuten Kernspeicherzeit.

Die Tabellen 41 bis 43 enthalten die so ermittelten Ergebnisse. Dabei fällt auf, daß in allen Fällen die abholerorientierten Varianten zwar einen wesentlich höheren Anteil am Kranverfahren aufweisen, aber auch durchgängig zu erheblich besseren Resultaten im Hinblick auf die Umstaubewegungen führen, wobei hier die Betrachtung noch nach Höhenvarianten differenziert werden muß.

Bezogen auf die Umstaubewegungen wird der Vorsprung der die Abholer berücksichtigenden Strategie mit zunehmender Höhe größer. So werden mit ihr bei vierlagiger Stapelung im Durchschnitt um 49.67 Prozent bessere Werte erzielt. Bei der fünflagigen Variante erhöht sich diese Zahl auf 50.13 und im sechslagigen Fall auf 54.52 Prozent.

52 ÖKONOMISCHE BEWERTUNG

Grundlage der in diesem Abschnitt vorzunehmenden Bestimmung eines ökonomischen Ergebnisses ist die im dritten Kapitel durchgeführte Kostenanalyse. Die für die Untersuchung relevanten Maßgrößen 'Kranverfahren' und 'Umstauen' wurden dabei mittels der Daten des betrachteten Terminals bewertet und die Resultate in Tabelle 24 dargestellt. Entsprechend der dortigen Vorgehensweise soll auch an dieser Stelle von jeweils zwei

Kostensätzen, mit und ohne Umlage der Fixkosten, ausgegangen werden.

Eine Bewertung ist nun anhand der Zielsetzung dieser Analyse derart aufzubauen, daß festgestellt werden muß, ob und wenn ja, in welchem Umfang mit einer Strategie des abholerorientierten Einstauens bessere ökonomische Erfolge erzielt werden können. Für die weitere Betrachtung sind dabei in den Summenzeilen der Tabellen 41 bis 43 die Werte von Interesse, die jeweils in den Differenz-Spalten ausgewiesen werden.

Durch den regelmäßig höheren Anteil des Kranverfahrens - bei dem die Abholer berücksichtigenden Fall - entsteht im Verhältnis zu der praxisorientierten Strategie ein Kostenplus, dessen genauer Wert für die einzelnen Varianten durch Multiplikation des jeweiligen Kostensatzes mit der Zahl des Verfahrens zu ermitteln ist. Auf gleiche Weise wird das diesem Kostenplus gegenüber zu stellende Kostenminus bestimmt, das durch verringerte Umstaubewegungen hervorgerufen wird.

Das Ergebnis errechnet sich als Differenz aus den beiden Kostengrößen. Die von Höhenvariante und Kostensatz abhängigen Resultate können Tabelle 44 entnommen werden. Dabei ist zu beachten, daß diese Werte auf einem nur achtmonatigen Erhebungszeitraum beruhen. Bezieht man die Daten, um die ökonomische Dimension besser zu verdeutlichen, mittels einer einfachen Durchschnittsrechnung auf einen Jahreszeitraum, dann wird durch die Strategie des abholerorientierten Einstauens eine Kostensenkung erzielt, die sich in der Höhe zwischen etwa einem halben - bei der vierlagigen Variante und bei Ansatz nur der variablen Kosten - und zwei Prozent (sechslagiger Fall, Gesamtkostensatz) des für 1978 ausgewiesenen Aufwandes für die Anlage des Untersuchungsterminals bewegt.

Außer anhand der im dritten Kapitel nachgewiesenen Zielgrößen kann eine ökonomische Bewertung auch unter Kapazitätsgesichtspunkten vorgenommen werden. Bringt man hier die in Tabelle 20 ausgewiesenen Bewegungen je Stunde und Kran, sowie die im Abschnitt 332 genannte Lebensdauer in Ansatz, so ergeben sich rein rechnerisch insgesamt 660000 mögliche Bewegungen je Stapelkran. Bei der praxisorientierten Einlagerung entfal-

Variante in Lagen	Kostenart	Kostenplus durch Kranverfahren in DM	Kostenminus durch verringerte Umstaubewegungen in DM	Ergebnis in DM (Kostenminus)
4	Variable Kosten	421.60	12198.29	11776.69
4	Gesamtkosten	954.80	27650.35	26695.55
5	Variable Kosten	484.84	16261.35	15776.51
5	Gesamtkosten	1098.02	36860.25	35762.23
6	Variable Kosten	703.80	22856.99	22148.19
6	Gesamtkosten	1593.90	51810.85	50216.95

Tabelle 44: Ermittlung der mit der Strategie abholerorientierten Einstauens erzielbaren ökonomischen Ergebnisse.

len hiervon 40 Prozent auf Umstaubewegungen, absolut 264000 Moves.

Durch die Anwendung einer die Abholer berücksichtigenden Einstauung können diese Umstauer um etwa 50 Prozent oder 132000 Bewegungen reduziert werden. Das bedeutet, bezogen auf die mögliche Gesamtbewegungszahl eines Kranes, eine theoretische Kapazitätserweiterung von 20 Prozent. Ob dieser Effekt in praxi allerdings zum Tragen kommt, hängt nicht zuletzt davon ab, inwieweit die zeitliche Be- und Entlastung der Stapelfläche auf die Kaimauer übertragen werden kann. Dies zu untersuchen würde aber den durch die Aufgabenstellung dieser Analyse festgelegten Rahmen überschreiten.

ZUSAMMENFASSENDER ÜBERBLICK

Drängendes Problem vieler Containerterminals in Seehäfen, die durch einen hohen Containerdurchsatz - verbunden mit erheblichen Wachstumsraten - charakterisiert werden können, ist der sich durch mangelnde Vergrößerungsmöglichkeiten der verfügbaren Stellfläche abzeichnende Kapazitätsengpaß. Hier ist oftmals als einzige Lösung der Übergang zu mehrlagiger Stapelung vorzunehmen, wenn der Terminalbetreiber nicht bereit oder in der Lage ist, einen zweiten Container-Umschlagplatz zu eröffnen.

Dieser Weg impliziert aber bei den dargestellten herkömmlichen Umschlagsystemen - Seitenstapler, Van-Carrier, Schwerlastgabelstapler und schienengebundener Portalkran in reiner oder gemischter Form - den Verlust des wahlfreien Zugriffs auf die eingelagerten Behälter. In einer Vielzahl von Modellen wurden Vorschläge zur Beseitigung dieses Nachteils entwickelt. Hier konnten der Direkt-Umschlag (Salzgitter, Kaiser-Speed-Tainer und Vickers-Lautovick), die terminalübergreifenden Systeme (Meeusen, Rosander und Leidenborg) und die zahlreichen Konzepte für Container-Hochregallager (Hollandia/Schmidt/Landers, Fördertechnik Hamburg Harry Lässig, Babcock mit zwei Varianten, Demag Systemtechnik, Apiarium, Basis, CBL, Silocont und Intersystems) genannt werden.

Alle diese Versuche sind aber bislang zum Scheitern verurteilt, da sie aus ökonomischem Blickwinkel und/oder im Hinblick auf ihre technische Leistungsfähigkeit als nicht wettbewerbsfähig angesehen werden müssen. Zwangsläufig verbleiben damit die bereits realisierten Umschlagsysteme in der weiteren Betrachtung. Hierbei kommt man - da die Untersuchung ja zwingend an der Kapazitätsfrage ausgerichtet ist - zu dem Ergebnis, daß eine gegebene Fläche durch ein Mischsystem mit schienengebundenen Portalkränen (im Vergleich zu den bestehenden Alternativen) am sinnvollsten genutzt wird.

Charakteristikum des Portalkran-Mischsystems ist es, daß der Container-Lagerplatz durch die Portalkrane bearbeitet wird, wohingegen terminalinterne Zwischentransporte über Chassiszüge und/oder Van-Carrier abgewickelt werden. Diesem System wird aber in der betrieblichen Praxis noch unwidersprochen nachgesagt, daß mit ihm systembedingt in hohem Maße Umstaubewegungen verursacht werden, die zu einer erheblichen Beeinträchtigung seiner Wirtschaftlichkeit führen.

Als Ausgangspunkt dieser Arbeit ergibt sich daher die Aufgabe, zu untersuchen, ob die genannte Hypothese verifiziert werden kann oder abgelehnt werden muß. Um den technischen Möglichkeiten der Portalkrane auf dem Einsatzgebiet des Container-Umschlages gerecht zu werden, ergab sich hierbei die Notwendigkeit, vier- bis sechslagige Varianten zu betrachten.

Im ersten Schritt war es nun erforderlich, zu untersuchen, welche organisatorisch-technischen Bedingungen die Umstauproblematik in welchem Umfang beeinflussen. Hierzu wurden die Parameter 'Container' (Merkmale und Erscheinungsformen), 'Transportmittel' (Terminaltransportmittel, Binnen- und Feederschiffe, Bahn, Straßenfahrzeuge und Tiefseeschiffe), 'Terminal' (materielle und informationelle Tatbestände, Zusammenspiel und Kapazität) und 'Lagerplatzbereich' (Dimensionierung, Struktur und Arbeitsablauf) analysiert.

Es stellte sich dabei heraus, daß die Analyse auf den Bereich der Straßenabholung der Import-FCL-Container beschränkt werden konnte. Ferner wurde der Nachweis erbracht, daß eine direkte Abhängigkeit zwischen Umstauproblematik und den abholerorientierten Verweildauern besteht, und demzufolge die Problemstellung wesentlich durch die beim Einstauen praktizierte Strategie beeinflußt wird. Dabei konnten als Maßgrößen für das Ein- und Auslagern die Umstaubewegung und das Kranverfahren abgeleitet werden.

Nachdem auf diesem Wege die die Fragestellung beeinflussenden Parameter bestimmt worden waren, konnte daraus eine operationale und unternehmensadäquate Zielgröße abgeleitet werden. Hierzu wurde eine allgemeine Zielanalyse durchgeführt, die über Ziel-Mittel-Entscheidungen in eine Kostenanalyse einmündete. In diesem Rahmen mußten zunächst die relevanten Kostenelemente erarbeitet werden, die den Bereithaltungskosten und den nutzungsabhängigen Kosten zugerechnet werden konnten.

Im nächsten Schritt war es dann möglich, die Kosten für die Maßgrößen 'Umstauen' und 'Kranverfahren' - Ergebnisse des organisatorisch-technisch orientierten Untersuchungsteils - zu bestimmen. Damit waren alle Voraussetzungen für eine Modellbildung und -analyse erarbeitet.

Hierzu war im ersten Schritt die methodische Vorgehensweise einzugrenzen und zu erläutern. Besondere Bedeutung kam dabei den aus heuristischen Regeln abgeleiteten Strategien, der Abgrenzung der in der Fragestellung enthaltenen bedienungstheoretischen Elemente, sowie der Relevanz der Simulation zu.

Aufbauend auf diesen Grundlagen mußten dann die Ausgangsdaten der Untersuchung modellorientiert aufbereitet werden. Dazu waren in erster Linie die Verweildauer-Verteilungen der Import-FCL-Straßenabholer, ferner die Ladungsdaten der zu berücksichtigenden Schiffe zu bearbeiten.

Hieran anschließend wurde der schiffsorientierte Vorlauf dargestellt, der für die im Modell abzubildenden Schiffe bei der vier- bis sechslagigen Variante zunächst die Dimensionen des jeweils vorzuhaltenen Lagerplatzes errechnete. Darüber hinaus wurde jedem einzustauenden Container - in Abhängigkeit von zugehörigem Schiff und Lagenvariante - an dieser Stelle eine geplante Einstauebene zugewiesen.

Nach diesen Vorarbeiten war es dann möglich, den Ankunfts- und Abgangsprozeß aufzuzeigen. Kernstück des Ankunftsprozesses war dabei die Generierung der Ankunftsreihe, sowie die Nachbildung des Einstauvorganges nach unterschiedlichen Strategien im Modell. Der Abgangsprozeß wird determiniert durch die schiffs- und ebenenorientierten Verweildauerverteilungen, die daraus zu bildende Abholverteilung und Abholreihe, ferner durch modellhaftes Auslagern und Umstauen.

Wesentliche Aufgabe des Modells war es, gemäß den eben gemachten Ausführungen einen Vergleich zwischen dem praxisorientierten Einstauen ohne Berücksichtigung der Abholer und der Strategie des abholerorientierten Einstauens zu ermöglichen. Im Rahmen von 150 Simulationsläufen konnte dabei gezeigt werden, daß mit der Anwendung der Erkenntnisse, die durch die

Untersuchung der Abholer erarbeitet worden waren, eine Senkung der Umstauzahlen um durchschnittlich 50 Prozent erreichbar ist, wobei mit steigender Stauhöhe zunehmend bessere Ergebnisse erzielt wurden.

Durch eine anschließende Bewertung der Resultate war es möglich, auch aus ökonomischer Sicht den Nachweis zu erbringen, daß der eingangs erwähnten Hypothese nicht zuzustimmen ist.

LITERATURVERZEICHNIS

ALSEN, K.: Die vollintegrierte [Transportkette] mit Containern und Wechselaufbauten. In: Kombinierter Transport mit Containern und Wechselaufbauten, Transportkette 1, Schriftenreihe der Studiengesellschaft für den kombinierten Verkehr. 2. Auflage, Frankfurt/M 1973, S. 1 ff.
- : Die Umschlaganlagen des [Salzgitter-Systems]. In: Kombinierter Transport mit Containern und Wechselaufbauten, Transportkette 1, Schriftenreihe der Studiengesellschaft für den kombinierten Verkehr. 2. Auflage, Frankfurt/M 1973, S. 17 ff.
ANDERSTON Clyde/ G. E. C. container [stores]. In: Shipbuilding and Shipping Record, Vol. 109 (1967), März, S. 445.
AUTO-LUX: Prospekt zum System [Apiarium], Blatt 1041, 1079, 1082, 1085, 1087. Mailand 1977.
AUTOMATISCHES Container-Bereitstellung- und [Lagersystem]. In: Gefährliche Ladung, 24. Jg. (1979), Nr. 11, S. 56 f.
AUTOMATISIERTER Container-[Terminal]. In: Fördern und Heben, 25. Jg. (1975), Nr. 3/4, S. 273 f.
AUTOMATISIERUNG des [Container-Umschlags] in Seehäfen. In: HANSA-Schiffahrt-Schiffbau-Hafen, 114. Jg. (1977), Nr. 2, S. 164.
AUTORENKOLLEKTIV: Handbuch [Container-Transportsystem]. 2. Auflage, Berlin (Ost) 1974.

BABCOCK: Prospekt zum Container-[Turmlager]. Schwieberdingen 1978.
BALDERSTONE, R. J.: Straddle v. [sidelift] - room for all in terminal operations. In: Cargo Systems, Vol. 5 (1978), No. 12, S. 129-131.
BAMBERG, G. und G. Coenenberg: Betriebswirtschaftliche [Entscheidungslehre]. München 1974.
BASIS: Prospekt zum Basis [storage] system. Boroughbridge (U. K.) 1978.
BEREITSTELLUNGS- und Lagersystem für [Container]. In: Fördern und Heben, 30 Jg. (1980), Nr. 2, S. 110.
BIDLINGMAIER, J.: [Unternehmerziele] und Unternehmerstrategien. Studienreihe Betrieb und Markt, Band 8. Wiesbaden 1964.
BISAIL, M.: [Positioniersteuerung] von Stapelkranen mit Hilfe von Prozeßrechnern. In: Siemens-Zeitschrift, 51. Jg. (1977), Nr. 3, S. 173-177.
BLIEFERNICH, M. und andere: [Operationsforschung 3], Mathematische Grundlagen, Methoden und Modelle, Band 3. Hrsg. von W. Dück und M. Bliefernich. Berlin (Ost) 1973.
BÖTTGER, W.: Kosten und [Kostenrechnung] bei Güterverkehrsbetrieben. Düsseldorf 1968.
BONEFELD, X. und W. Dicke: Sicherheitsgerechter [Gabelstaplereinsatz] erfordert sorgfältige Planung der Transportabläufe. In: Deutsche Hebe- und Fördertechnik, 25. Jg. (1979). Nr. 1, S. 26-28.
BRAUER, K. M.: Betriebswirtschaftslehre des Verkehrs, Erster Teil, [Tätigkeitsbedingungen] der Verkehrsbetriebe. Berlin 1979.

BRAUER, K. M.: Betriebswirtschaftslehre des Verkehrs, Zweiter Teil, [Leistungsbereitschaft] der Verkehrsbetriebe. Berlin 1980.
BRUUN, P.: [Port] engineering. 2. Auflage, Houston (Texas) 1976.

COMPUTER Gesellschaft Konstanz mbH. [Algol-60-Sprachbeschreibung]. Loseblatt-Ausgabe. Konstanz 1974.
CONTAINER facilities and traffic in 89 [ports] of the world. Studies of the Bremen Economic Research Institute, Band 15. 2. Auflage, Bremen 1974.
CONTAINER terminal operating experience, [comparison] figures. In: Proceedings of the Terminal Operations Conference Amsterdam June 1978, hrsg. von L. O'Byrne. New Malden 1978, S. 84.
CONTAINERISATION into the 1980's, the market for [specials]. Hrsg. von der Cargo Systems Research/Consultancy Division. Surrey (U. K.) 1980.
CONTAINERSCHIFFE von [übermorgen]. In: HANSA-Schiffahrt-Schiffbau-Hafen, 108. Jg. (1971), Nr. 17, S. 1627-1628.
CONTAINER-[Schnellumschlaganlagen]. In: Schiff und Hafen. 21. Jg. (1969), H. 2, S. 159-160.
CONTAINERVERKEHR, [Seehäfen] und Deutsche Bundesbahn. In: Fördern und Heben, 26. Jg. (1976), Nr. 8, S. 866-871.
CRAMER, U.: Low cost container handling equipment for low [throughput] situations. Hrsg. von der International Cargo Handling Coordination Association, Nr. 3688 1/80. London 1980.

DALLY, H. K., H. K. Shrimpton and J. K. Marshall: Container [terminals] - the relationship between dwell time and throughput. In: National Ports Council Bulletin No. 10. London 1977, S. 2-11.
DEJONG, E.: Container und [Terminals]. In: Schiff und Hafen, 25. Jg. (1973), H. 8, S. 707 f.
- : Horizontales [Container-Fördersystem] eröffnet ganz neue Perspektiven. In: Deutsche Hebe- und Fördertechnik, 19. Jg. (1973), Nr. 9, S. 128-130.
- : [Container-Handling] der Zukunft. In: Fördern und Heben, 23. Jg. (1973), Nr. 11, S. 633 f.
DENTON, L.: [Containerisation] International Yearbook [1978]. London 1978.
- : [Containerisation] Internationa. Yearbook [1980]. London 1980.
DORN: [Physik]. 11. Auflage, Hannover. 1967.

EIN Terminal für [Großverlader]. In: Materialfluß, Juli 1976, S. 36 f.
EIN 40-Tonnen-Gabelstapler der beladene [Container] vierfach übereinander stapeln kann. In: Deutsche Hebe- und Fördertechnik, 24. Jg. (1978), Nr. 12, S. 523.
EUROKAI Containerterminal Hamburg, [Informationsmaterial]. Hamburg 1980.

EWERTH, P. K.: Der kürzeste = billigste? ... optimale? ... Weg zum Kunden. Bedingungen optimierter Container-Dispositionen, Teilreferat [Leercontainer-Zulieferung]. In: Internationales Transportseminar der Container, Seminarauswertungsbericht Teil 1, hrsg. vom AIESEC-Lokalkomitee Hamburg. Hamburg 1976, S. 168-170.

FABIANO, L.: Container [silo] development gains impetus. In: Cargo Systems, Vol. 7 (1980), No. 6, S. 99-101.
FÄSSLER, K. und andere: [Kostenrechnungslexikon]. München 1973.
FLEXIBLES [Turmlager] hilft Platz sparen. In: Handelsblatt, HB technische Linie, 20. Jg. (1977), Nr. 7, S. 16.
FOLAND, J.: A [container] system to revolutionise operation cost? In: Proceedings of the 2nd Terminal Operations Conference Amsterdam June 1980. New Malden 1980, Paper 19.
FRANKEL, E. G.: Container systems [selection]. In: Proceedings of the 2nd Terminal Operations Conference Amsterdam June 1980. New Malden 1980, Paper 4.
FRUTIGER, F. A.: [Containerverkehr], nach der Euphorie die Ernüchterung. In: Transport und Lagertechnik, 33. Jg. (1978), Nr. 3, S. 13.
FÜNF [Container] übereinander. In: HANSA-Schiffahrt-Schiffbau-Hafen, 114. Jg. (1977), Nr. 7, S. 626.

GEUS, W. de: New [equipment] analysis. In: Proceedings of the 2nd Terminal Operations Conference Amsterdam June 1980. New Malden 1980, Paper 18.
GIBNEY, R. F.: [Handling] Italian style. In: Containerisation International, Vol. 11 (1977), No. 10, S. 83-85.
GRAAFF, W.: [Container]. In: Kombinierter Transport mit Containern und Wechselaufbauten, Transportkette 1, Schriftenreihe der Studiengesellschaft für den kombinierten Verkehr. 2. Auflage, Frankfurt/M 1973, S. 107 ff.
GUDEHUS, T.: [Grundlagen] der Kommissioniertechnik. Essen 1973.

HAACKE, H.: Wege zur Automatisierung im Stückgut- und [Containerumschlag]. In: HANSA-Schiffahrt-Schiffbau-Hafen, 113. Jg. (1976), Nr. 8, S. 705 f.
HASHIMOTO, M. und M. Tamaki: Gütertransportpolitik der Japanischen Staatsbahnen im Hinblick auf den [Containerverkehr]. In: Schienen der Welt, 2. Jg. (1971), Nr. 1, S. 29 ff.
HAUSSMANN, G.: Automatisierte Container-Seehafen-[Terminals]. In: Fördern und Heben, 27. Jg. (1977), Nr. 5, S. 489 ff.
HEBELER, H.: Euro-Kai-[Terminal] Hamburg-Waltershof. In: HANSA-Schiffahrt-Schiffbau-Hafen, 106. Jg. (1969), Nr. 13, S. 1175-1179.
- : Container terminal operating experience, the [rail-mounted] gantry crane system. In: Proceedings of the Terminal Operations Conference Amsterdam June 1978, hrsg. von L. O'Byrne. New Malden 1978, S. 27 ff.
HEEP, U. und andere: [Fachthesaurus] Kombinierter Transport, Teil 2, Alphabetisches Register. Hrsg. von der Studiengesellschaft für den kombinierten Verkehr. Frankfurt/M 1972.

HEEP, U. und andere: Fachthesaurus Kombinierter [Transport]. Hrsg. von der Studiengesellschaft für den kombinierten Verkehr. Frankfurt/M 1972.
HEINEN, E.: Industriebetriebslehre als [Entscheidungslehre]. In: Industriebetriebslehre. 6. Auflage, Wiesbaden 1978, S. 25 ff.
HICKS, P.: FLT development - rising to box [handling] requirements. In: Cargo Systems, Vol. 7 (1980), No. 2, S. 69 ff.
HIGH-Bay container [storage] system for Bremerhaven. In: Cargo Systems, Vol. 7 (1980), No. 3, S. 71.
HIGH-BAY [container] warehouses viable soon? In: Cargo Systems, Vol. 4 (1977), No. 9, S. 44 f.
HIGH-BAY [warehouse] to solve space problems? In: Cargo Systems, Vol. 4 (1977), No. 4, S. 37.
HODD, M.: [Matsonisation] - "phenomenal" technology the key. In: Cargo Systems, Vol. 6 (1979), No. 11, S. 81 ff.
HOVEY, J. und B. Dawes: Container terminal operating experience, the all [straddle-carrier] system. In: Proceedings of the Terminal Operations Conference Amsterdam June 1978, hrsg. von L. O'Byrne. New Malden 1978, S. 41 ff.

INTERTRAFFIC '72, Die [Containerfahrt] bleibt ein Wagnis: In: HANSA-Schiffahrt-Schiffbau-Hafen, 109. Jg. (1972), Nr. 4, S. 289.

JANE'S Freight [Containers 1978]. Hrsg. von P. Finlay. 10. Auflage, London 1978.
JEHLE, C.-U., und H. Kramer: Fallstudie Altenwerder zur [Arbeitszeitgestaltung] eines Containerterminals. Berlin 1979.
JEHLE, C.-U.: Kombinierter [Verkehr], Erster Teil, Organisatorisch-Technische Entwicklung. Berlin 1980.
JOHNSON, B.: Matson's 'Mousetrap', New Systems Speeds Container [Handling]. In: Container News, Vol. 14 (1979), No. 12, S. 24-25, 40.
JÜNEMANN, R.: Systemplanung für [Stückgutläger]. Buchreihe 'fördern und heben'. Mainz 1971.

KAISER [Speed-Tainer] system. In: Shipbuilding and Shipping Record, Vol. 109, (1967), März, S. 444.
KATAOKA, K.: Container terminal operating experience, the [rubber-tyred] gantry crane system. In: Proceedings of the Terminal Operations Conference Amsterdam June 1978, hrsg. von L. O'Byrne. New Malden 1978, S. 15 ff.
KILGER, W.: Flexible [Plankostenrechnung]. 5. Auflage, Opladen 1972.
KNEPPER, L.: Einsatz und Auslegung von [Hochlagersystemen] für Container, dargestellt am Beispiel einer Seehafenumschlaganlage. Dissertation Aachen 1978.
KNOLL, L. M. und G. Mündemann: Container mit der Bahn - Erfahrungen der Transfracht im [Containertransport]. In: Kombinierter Transport mit Containern und Wechselaufbauten, Transportkette 1, Schriftenreihe der Studiengesellschaft für den kombinierten Verkehr. 2. Auflage, Frankfurt/M 1973, S. 127 ff.

KÖMPE, J.: [Kühlcontainer] im Dienst von Import und Export von Nahrungsmitteln. In: Fachtagung Lebensmitteltransporte in Tank- und Kühlcontainern, Transportkette 22, Schriftenreihe der Studiengesellschaft für den kombinierten Verkehr. Frankfurt/M 1977, S. 31 ff.
KÖNIG, A.: Hohe Zuwachsraten im [Welt-Containerbestand]. In: Handelsblatt, HB technische Linie, 31. Jg. (1978), Nr. 14, S. 19.
KOSTENRECHNUNGSSYSTEME für integrierte [Transportketten]. Hrsg. von der Studiengesellschaft für den kombinierten Verkehr. Frankfurt/M 1975.
KRAMPE, H. und W. Runge: [Bedienungsmodelle]. München und Wien 1973.
KRAUSE, D. und G. Mayer: Automated container-handling [system] could solve HHLA's shortage of space. In: Cargo Systems, Vol. 4 (1977), No. 3, S. 51 ff.
KRAUSE, D. und G. Roskamp: Der [Containerumschlag] in Seehäfen. In: Jahrbuch der Hafenbautechnischen Gesellschaft, 34. Band, Berlin, Heidelberg und New York 1975, S. 233-310.
KRISCHER, U.: Die [Kosten] des Containerumschlags, Kosten der Container-Umschlaggeräte. Hrsg. von der Studiengesellschaft für den kombinierten Verkehr. Frankfurt/M 1968.
KRÜGER, S.: [Simulation], Grundlagen, Techniken, Anwendungen. Berlin und New York 1975.
KUNDER, R. und M. Pörsch: Untersuchung und technologische Entwicklung von Systemen für Güter- und [Warenumschlagknoten]. Fördertechnische Mitteilungen 2-78, hrsg. von der DEMAG Fördertechnik. Wetter/Ruhr 1978.

LAGERTECHNIK für [Stückgüter]. Haus der Technik Vortragsveröffentlichungen Heft 370. Essen 1976.
LANGE, A.: [Hochregal-Lager] für Großcontainer. In: Transport und Lager, 26. Jg. (1977), Nr. 3, S. 20 f.
- : [Container] sicher mit Hochregal umschlagen. In: Handelsblatt, HB technische Linie, 20. Jg. (1977), Nr. 7, S. 16.
LÖFFELHOLZ, J.: Repetitorium der [Betriebswirtschaftslehre]. 2. Auflage, Wiesbaden 1967.
LYGO, A. J. D.: Container terminal operating experience, [railmounted] cranes in combination with straddle carriers. In: Proceedings of the Terminal Operations Conference Amsterdam June 1978, hrsg. von L. O'Byrne. New Malden 1978, S. 57 ff.

MANNESMANN-Geisel und Hamburger Hafen- und Lagerhaus AG: Unveröffentlichte Systemstudie für ein Container-[Hochregallager]. Mannheim und Hamburg 1975.
MARX, A.: [Wirtschaftsgesinnung]. In: Handwörterbuch der Betriebswirtschaft, Band 4., 3. Auflage, Stuttgart 1956, Spalte 6387 ff.
MATSONISATION - a new container [handling] concept. In: Cargo Systems, Vol. 6 (1979), No. 7, S. 39 ff.
MAYER, G.: [Automatisierung] im Container-Seehafen-Terminal. Sonderdruck aus Transmatik Teil 1, Warenverteil- und Lagersysteme. Hrsg. von der DEMAG Systemtechnik. Hagen und Mannheim 1976.

MAYER, K.-E.: Der terminal-interne [Transport] von Containern. In: Schiff & Hafen/Kommandobrücke, 30. Jg. (1978), H. 5, S. 489 f.

MCKINSEY & Company: Containerization, the key to low-cost [transport]. Report for the British Transport Docks Board. London 1967.

MEEUSEN Consultants N. V.: Meeusen [system]. Meeusen Report No. 3, deutsche Übersetzung. Abgedruckt in: Container-Handbuch Band 2, hrsg. von E. Meyer und C. Röper. Hamburg 1969, Abschnitt 2.2.3.1-2.

MEYER, H.: Beitrag zur Gestaltung und Bemessung von [Seehafencontainerterminals]. Dissertation Aachen 1975.

- : Zur Frage des 'optimalen' Containerterminals in [Seehäfen]. In: Internationales Verkehrswesen, 30. Jg. (1978), H. 6, S. 382 ff.

- : Vergleich verschiedener [Modelle] von Containerterminals für Seehäfen. In: HANSA-Schiffahrt-Schiffbau-Hafen, 113. Jg. (1976), Nr. 8, S. 696 ff.

MÖLLER, G.: Der gegenwärtige [Stand] des überseeischen Containerverkehrs. In: HANSA-Schiffahrt-Schiffbau-Hafen, 104. Jg. (1967), Nr. 21, S. 1782 ff.

MÜLLER-MERBACH, H.: [Operations] Research, Methoden und Modelle der Optimalplanung. 3. Auflage, München 1973.

MUNDY, M.: [Straddlecarrier] manufacturers fight back. In: Cargo Systems, Vol. 6 (1979), No. 6, S. 46 ff.

NORTILLO, R.: Container terminal operating experience, the [chassis-mounted] system. In: Proceedings of the Terminal Operations Conference Amsterdam June 1978, hrsg. von L. O'Byrne. New Malden 1978, S. 49 ff.

NOWAK, W.: Stand und Entwicklungstendenzen der [Automatisierung] des Containerumschlages. In: Wissenschaftliche Zeitschrift der Hochschule für Verkehrswesen "Friedrich List" in Dresden, 18. Jg. (1971), H. 4, S. 875 ff.

PIZZI, G.: [Silocont] - a new approach to an unproven concept. In: Cargo Systems, Vol. 7 (1980), No. 3, S. 47.

RAUSCH, S., M. Hodel und L. Künzer: [Kühlcontainer], neue Möglichkeiten im Kühlverkehr. Transportkette 17, Schriftenreihe der Studiengesellschaft für den kombinierten Verkehr. Frankfurt/M 1976.

RAUSCH, S. und H.-H. Grandjot: [Tankcontainer] im Transport von Flüssigkeiten, Granulaten und Gasen. Transportkette 14, Schriftenreihe der Studiengesellschaft für den kombinierten Verkehr. Frankfurt/M 1976.

SCHIPPKÜHLER, J.: Zur Optimierung der Fördervorgänge vor und in einem [Hochregallager], dargestellt mit Hilfe eines Simulationsmodelles. Dissertation Technische Universität Berlin 1972.

SCHUH, G.: Die Aufgabenteilung im binnenländischen [Seehafenverkehr] mit Containern. Buchreihe des Instituts für Verkehrswissenschaft an der Universität zu Köln, Nr. 26. Düsseldorf 1971.

SCHULT, E.: Aufbau- und ablauforganisatorische [Lageroptimierung] mittels der Theorie endlicher Graphen. Dissertation Technische Universität Berlin 1970.
SÈCHE, A.: Optimale Betriebsweise und Aufstellplatzgestaltung in [Seehafen-Containerterminals]. Dissertation Aachen 1974.
SEIDELMANN, C.: [Containerverkehr], werden die Chancen voll genutzt, eine Zwischenbilanz nach 10 Jahren. Schriftenreihe des Verbandes der Automobilindustrie, Heft 23. Frankfurt/M 1977.
— : Kombinierter Verkehr mit [Containern]. Schriftenreihe des Verbandes der Automobilindustrie, Nr. 1. Frankfurt/M 1969.
SHORROCKS, F. B.: The new [straddle-carriers] and a comparison with other systems. Hrsg. von der International Cargo Handling Coordination Association. Oakland 1979.
SILOCONT: The [container] system that revolutionizes operational costs. London 1980.
SMITH, A. M.: Straddles dropping [hydraulic] power. In: Containerisation International, Vol. 12 (1978), No. 4, S. 63 ff.
— : Three [straddlecarriers]: a test case. In: Containerisation International, Vol. 13 (1979), No. 5, S. 85 ff.
— : Which direction: [side] or front? In: Containerisation International, Vol. 12 (1978), No. 10, S. 95 ff.
— : Richmond sets [Matson] mousetrap. In: Containerisation International, Vol. 14 (1980), No. 6, S. 71 ff.
SOMMER, N.: Zur Praxis des [Containerverkehrs]. Transportkette 29, Schriftenreihe der Studiengesellschaft für den kombinierten Verkehr. Frankfurt/M 1979.
SPEED-Park [facility]. In: Shipbuilding and Shipping Record, Vol. 109 (1967), März, S. 446 f.
SPRING, K.: [Containerhäfen] der Zukunft. In: HANSA-Schifffahrt-Schiffbau-Hafen, 109. Jg. (1972), Nr. 13, S. 1172 ff.
STANGE, K.: Angewandte [Statistik], Erster Teil, Eindimensionale Probleme. Berlin, Heidelberg und New York 1970.
STOWAGE & Segregation to [IMDG-Code]. Hrsg. vom K. O. Storck Verlag. Hamburg 1979.
STRIECK, E.: Containerverkehr, [Seehäfen] und Deutsche Bundesbahn. In: Eisenbahntechnische Rundschau, 24. Jg. (1975), H. 5, S. 164 ff. (Teil 1) und H. 6, S. 217 ff. (Teil 2).

TARIF für die Leistungen der [Kaiumschlagsbetriebe] in Hamburg. Hrsg. vom Unternehmensverband Hafen Hamburg e. V. Hamburg 1980.
TRANSPORT [Schwerlastgabelstapler]. In: Fracht Management, 10. Jg. (1978), Nr. 5, S. 36 f.
TROTHA, W. von: Systemuntersuchung eines [Direkt-Umschlags] von Containern zwischen Schiff und Eisenbahn mittels Simulation. Fortschritt-Berichte der VDI (Verein Deutscher Ingenieure)-Zeitschriften, Reihe 12 (Verkehrstechnik), Nr. 28. Düsseldorf 1975.
TR 440 [Programmbibliothek] Algol, Arithmetik und Hilfsprogramme. Hrsg. von Telefunken Computer. Konstanz 1972.
VERDON, L. und R. Rousse: Errichtung der [Container-Umschlagplätze] und Förderanlagen. In: Schienen der Welt, 2. Jg. (1971), Nr. 3, S. 311 ff.

VERSCHOOF, J.: Container [cranes]. In: Proceedings of the 2nd Terminal Operations Conference Amsterdam June 1980. New Malden 1980, Paper 15.
VICKERS automated container [port]. In: Fairplay International Cargo-Handling Survey, 5th September, 1968, S. 55 ff.
VICKERS [Lautovick] system. In: Shipbuilding and Shipping Record, Vol. 109 (1967), März, S. 445 f.
VIERZIG-Tonnen-Hyster-[Gabelstapler]. In: HANSA-Schiffahrt-Schiffbau-Hafen, 115. Jg. (1978), Nr. 12, S. 1004 f.

WALDSTÄTTEN, W. von: [Schienentransport] von Containern und Wechselaufbauten. In: Kombinierter Transport mit Containern und Wechselaufbauten, Transportkette 1, Schriftenreihe der Studiengesellschaft für den kombinierten Verkehr. 2. Auflage, Frankfurt/M 1973, S. 89 ff.
WEBER, H.-H.: Einführung in Operations [Research]. Frankfurt/M 1972.
WIRTSCHAFTLICHER Container-Umschlag mit [Spezial-Staplern]. In: Transport und Lagertechnik, 29. Jg. (1974), Nr. 9, S. 29 ff.
WÖHE, G.: Einführung in die Allgemeine [Betriebswirtschaftslehre]. 13. Auflage, München 1978.
WYREMBA, H.-J.: Beitrag zur Gestaltung optimaler [Container-Umschlagsysteme] für Seehäfen. Dissertation Dresden 1970.

ZIEHN, W.: [Container-Technik] Markt-Übersichten. Hrsg. von der Studiengesellschaft für den kombinierten Verkehr, Frankfurt/M, Düsseldorf 1979.

SACHWORTVERZEICHNIS

Abbremsphase 108
Abgangsprozeß 167
Abholer 119, 135, 175
Abholergesamtheit 148
Abholerverteilung 156
Abholerzusammensetzung 120
Abholgewohnheit 114
Abholreihe 145, 161
Abholung 66
– , binnenländische 114
Abholtermin 66
Abholverteilung 145
Abholzeitpunkt 66
Ablauforganisation 47
Abschreibung 39
– , kalkulatorische 101, 104
Abstellspeicher 38
8'-Container 48, 54
8'6''-Container 48, 54
Algorithmierung 113
Anderston Clyde 37
Anhänger 63
Ankunftsabstand 115
Ankunftsrate 115
Ankunftsreihe 167
Anschaffungskosten 22, 28
Antriebstechnik 22
Apiarium 36, 41
Arbeitsablauf 86
Arbeitszeit 84
Aufwand 175
Ausfahr-Gate 66
Ausfallzeit 22, 85
Auslastungsgrad 15
Auto-Lux 41

Babcock 36, 38, 42
Bahn 13, 31, 33, 86, 90
Bahn-Container 90, 129
Basis 36, 41
Bayplan 67
Bedienung, serielle 117
Bedienungsanlage 115
Bedienungseinheit 115
Bedienungsmodell 113
Bedienungsrate 115
Bedienungssystem 115
Bedienungszeit 115
Begrenzungswerte 154
Behälter 139
Beispielfrachter 127
Bereithaltungskosten 101

Beschleunigungsleistung 108
Beschleunigungsphase 108
Beschleunigungsweg 108
Beschleunigungszeit 109
Betriebsmittel 47
Bewegungskosten, durchschnittliche 105
Binnenhafen 13
Binnenschiff 13
Binnentransportmittel 21, 25, 28, 42
Binnenumschlagplatz 13
Binnenverkehrsmittel 30
Breite 47, 51
Breitenposition 87, 91, 100, 131, 140
Bremen 9, 31
Bremsleistung 108
Bremsvorgang 109
Bremsweg 108
Bremszeit 109
Brücke 21
Brückenbewegung 85
Brückeneinsatz 81
Brückenkran 41, 42
Bulk-Container 50

CANALYST 54, 56
Carriers Haulage 74
CBL 36, 42
Chassis 19, 20, 27, 37, 66
Chassis-System 19, 20, 31
Chassis-Variante 39
Chassis-Zug 57
Collapsible Flat 50, 55
Common-User-Terminal 11, 21, 30, 51, 114
Constacker 19
Container-Bereitstellungs- und Lagersystem 42
Containerbewegung 77
Containerboden 50
Containerbrücke 19, 21, 24, 28, 35, 37, 70, 75, 77, 85
Container-Conveyor 34
Containerdurchsatz 9
Containereinstauung 12, 114
Container-Ganzzug 21, 61
Container-Handling 19, 21, 29
Containerisierungsgrad 9
Containerlänge 55, 85
Containerlager 67, 81, 132, 138

Containerlagerplatz 34
Containermerkmale 160
Containernummer 140
Containerrichtung 85
Containerschiff 33, 81
Containerstellfläche 30
Containerterminal 99, 178
Containertragfähigkeit 67
Containertragwagen 60
Containertyp 47, 51
Containerumschlag 21, 100, 113
Containerzug 32
Containoveyor 33

Datei, langfristige 167
Demag Systemtechnik 36, 39
Depot-Container 51, 55
Deutsche Bundesbahn 32
Dimensionierung 86, 127
Dispositionsverfahren 12, 67, 91, 97, 99, 113, 142
Doppelspiel 81
Doppelumschlag 20
Drehscheibenbedienung 38
Drittgenerationsschiff 70
30'-Container 55
Durchschnittskostenrechnung 100
Durchschnittsschiff 126

Ebene 134, 144
Ebenenverteilung 153, 154
Ebenenzuweisung 167
Eckbeschlag 23, 50
EINEBENE 134, 135, 138, 167
Einpassung, kapazitätsmäßige 132
Einsatzbereitschaft 81
Einsatzzeit 80
- , maximale 84
Einstapelstrategie 138
Einstaudokumentation 160
Einstauebene 132, 142, 148
Einstaufall 167
Einstaulage 145, 153
Einstaustrategie 113
Einstauung 114
Einzelabholung 66
Einzelabsprache 99
Einzelspiel 81
Eisenbahnwaggon 21
Elektronische Datenverarbeitungsanlage 117
Elemente, bedienungstheoretische 158

Energiekosten 39, 104
Engpaßfaktor 30
Erfolg 99
Erhebungszeitraum 70
Export-Bereich 55
Exportcontainer 20, 50

Fahrerlohn 104
Fahrgasse 22
Fahrlage 22, 24, 25, 160
Fahrstraße 23, 24, 25
Fahrzeug, straßengebundenes 90
FCL 50
FCL-Behälter 51
Feeder 60
Feederschiff 13
Fixkosten 109, 175
Fixkostenblock 100, 109
Fixkostenumlage 105
Flachwagen 60
Fläche 25, 80
Flächenaufteilung 80
Flächenausnutzung 22, 23, 24, 30
Flächenausnutzungsgrad 27
Flächenbedarf 20
Flächenumrechnungsfaktor 85
Flächenverlust 23
Flat/Platform 50
Flughafen 13, 14
Flurfördermittel 21
Flußrichtung 47, 50, 63, 86, 90
Förderband 34
Fördergerät, kontinuierliches 35
Fördertechnik Hamburg Harry Lässig 36, 37
Forderung 115
Forderungsquelle 115
Frachter 139, 156
Full-Container-Load 50

Gabelstapler, Schwerlast- 19, 23, 27
Ganzzahligkeit 131
Gate-Checker 66, 116
Ganzzug 90
Gebrauchsverschleiß 101, 104
Gefahrgut 50, 51, 54
Gefahrgut-Container 28, 29
Generation, erste 70
- , zweite 70
Geräteeinsatz 80

Gesamtbetriebsstunden 104
Gesamtkosten 105
Geschwindigkeit 108
Geschwindigkeit-Zeit-Gesetz 108
Gewinn 98
Gewinnstreben 98
Gewinnziel 98
Grenze 154
Großcontainer 14
Großterminal 31
Großverlader 38
Grundtätigkeit 91
Gustav Koenigs 58

Häufigkeit 121, 153, 154
Hafenplatz 75
Half-Height-Container 48
Hamburg 9, 31, 37
Handling-System 9, 14, 15, 24
High-Cube-Container 48
Hochleistungsterminal 23
Höhe 47, 54, 144
Höhenmodelle 167
Höhenposition 87, 100, 131, 142, 153, 156, 157
Höhenvariante 132, 139, 161
Höhenzuteilung 145
Hollandia/Schmidt/Landers 36, 37
Hydraulik 22

IMPORT-ANALYSE 1   56, 70
IMPORT-ANALYSE 2   56, 61, 67, 83
Importcontainer 20, 50, 55, 57, 114, 116
Import-FCL-Container 56, 57
Import-FCL-Straßenabholung 119
Import-Stauplan 74
Informationsbedürfnis 15
Ingate 66
Insel, pentagonförmige 35
Instandhaltungskosten 101
Instandsetzungskosten 101
Interchange 63, 116
International Standardisation Organization 48
Intersystems 36, 42
Investition 32, 36
Investitionskosten 23, 39
Investitionsvolumen 25
ISO 48

Johann Welker 58
Johnson 48

Kaianlage 77
Kailänge 87
Kaiser 31, 37
Kaiser-Speed-Tainer-System 32
Kaitarif 99
Kaiumschlagsbetrieb 99
Kapazitätsengpaß 178
Kapazitätserweiterung 177
Kapitalanforderung 15
Kapitalbindung 21
Katzfahrgeschwindigkeit 34
Kernspeicherzeit 174
Klassenbreite 121
Kleincontainer 14
Knotenpunktkonzept 32
Konferenztarif 99
Kosten 99, 100
- , fixe 100
- , variable 100, 105
Kostenanalyse 99, 174
Kostenbestandteil 99
Kostenexplosion 9
Kostengröße 99
Kostenminus 175
Kostenplus 175
Kostensatz 105, 175
Kostenwirtschaftlichkeit 98
Kragarm 25
Kranbewegung 140
Krandaten 108
Krankostensatz, stündlicher 109
Kranlaufzeit 80
Kranposition 144
Kranspiel 77
Kranverfahren 93, 97, 105, 109, 131, 142, 144, 174
Kranzykluszeit 25
Kriterium, mengenmäßiges 135
Kühlcontainer 28, 33, 50, 54
Küstenschiffahrt 60
Kundenbeeinflussung 11
Kundenstruktur, binnenländische 83

Ladegleis 61, 90, 91, 115
Ladestraße 66, 90, 115
Ladung 70, 126
- , gefährliche 28
Ladungsdaten 148
Ladungsmanifest 74
Ladungsmenge 131

Ladungsträger 47, 74
Ladungszusammensetzung 70, 74
Länge 47, 48
Längenposition 87, 93, 100, 127, 131, 142, 160
Lage 134, 144
Lagerbereich 27, 61
Lagerfläche 38
Lagergut 38
Lagerhaltungsproblem 11
Lagerplatz 35
Lagerplatzbereich 47, 54, 56, 70, 84, 138
Lagerplatzposition 167
Landseite 75
Lastkraftwagen 13, 20, 21, 31, 63
Lastzug 63
Layoutplanung 56
LCL 50
LCL-Behälter 55
LCL-Container 51
Lebensdauer 104
Leercontainer 51
Leercontainerbereich 27
Leercontainer-Handling 24
Leidenborg 33, 35
Leistungserstellung 98
Leistungsverwertung 98
Less-than-Container-Load 50
LFD 167, 174
LHT-ANALYSE 54
Liegeplatzlänge 75
Liegeplatzzahl 75
Lift 41
Löschhafen 67
Löschsequenz 139
Lohnnebenkosten 104
Luf-Trailer 29
Luftverkehr 48

Maher 20
Manifest 74
Maßgröße 114, 174
Maßnahme, wasserbauliche 34
Material 47, 48, 51
Matson 48
Matson-System 29, 30
Meeusen 33, 35
Meeusen-Consultants 34
Mengenanfall 61
Mengenbetrachtung 13, 90
Mengengerüst 99
Minimierung 140
Minimum 142

Mittelcontainer 14
Mittelwert 120, 121
Mittelwertkriterium 135, 154, 156
Mittelwertliste 134
Modell 178
Modellanalyse 126
Modellform 113
Motorschiff 58
Mouse-Trap 29
M/R-Container 51, 55
MWERT 66, 121, 167

Nachtsprung 61
9'-Behälter 48
9'6''-Behälter 48, 54
Non-ISO-Container 48
Nutzungsdauer 101

Objektquelle 115
Öl 22, 104
Open-Hard-Top-Container 50, 54
Operations Research 113
Open-Side-Container 50, 54
Open-Top-Container 48, 54
Optimierungsproblem 132
Organisation 56
Output-Beziehung 114

Park-Hochhaus 41
Paternoster-Prinzip 41
Pentagon 35
Personal 104
Personalkosten 39, 104
Piggyback-Trailer 29
Platform 48, 54
Ponton, schwimmender 35
Portainer 19
Portalhubwagen 19
Portalkran 19, 25, 27, 34, 115
Portalstapler 19
Prinzip, erwerbswirtschaftliches 97
Produktivität 98
Programmdokumentation 142
Programmierung 113

Rampe 33, 34
RANDOM 140, 157
Rangfolge 120, 147
Rangierstoß 60
Rechenaufwand 117
Rechnerkernzeit 174
Regal 38

Regel, heuristische 114, 147
Reihung, zeitliche 157
Reparaturbereich 24, 27, 51
Reparaturcontainer 23
Reparaturzeit 80
Roll-on/Roll-off-Verkehr 24, 29
Rolltrailer 29
Rosander 33, 34, 35

Salzgitter 31
Salzgitter-System 32
Samstagsschichten 104
Sattelanhänger 19
Sattelzug 63
SCHDAT 126, 167
Schiff 119, 148
- , empirisches 167
Schiffsdatei 134
Schiffsladung 35, 139, 156
Schiffsliegeplatz 75
Schiffsstabilität 139
Schiffsverteilung 149, 153
Schlangendisziplin, strenge 116, 139, 158
Schmiermittel 104
Schubleichter 58
Schubverband 58
Schwerlastgabelstapler 19, 23, 27
Sea-Land 20, 48
Seehafen 13, 113, 178
Seehafenterminal 14, 33
Seehafenumschlagplatz 13
Seeschiff 13, 30
Seitenrahmen 23
Seitenstapler 19, 24, 27
Selbstfahrer 58
Sichtbehinderung 23
Silocont 36, 42
Silo-System 42
Simulation 113
Simulationskonzept 167
Simulationssprache 117
Soll-Löschliste 74
Sollvorgabe 132
Sonntagsschichten 104
Speed-Park 37
Spitzenbelastung 86
Spreader 23
Stack Crainer 19
Standard Dry 54
Standardtyp 48
Stapelbereich 134
Stapelhöhe 22

Stapelkran 19
Stapelung 22, 87, 132
- , mehrlagige 9
Staplertaschen 23
STATUS 54, 55
Stauebene 120, 127, 134, 135, 149, 157
Staulage 154, 156
Stauplan 139
Stauvorgang 142
Stellfläche 14, 15
Stellflächenkapazität 83
Stellplatz 75, 87, 91, 139, 153
Stellplatzbedarf 84
Stellplatzdokumentation 161
Stellplatzkapazität 38, 80, 84
Stellplatzposition 160
Stellplatzzuweisung 83
Stirnrahmen 23
Störanfälligkeit 28
Stoßverzehreinrichtung 60
Straddle Carrier 19
Straßenabholer 67, 134, 147
Straßenchassis 20
Straßencontainer 116, 121, 157
Straßenfahrzeug 57, 58, 70, 86, 90, 114, 116
Straßenverkehr 63
Strategie 113
Streuung 148
Struktur 86
STRUKTUR 131, 134, 167
System, marktwirtschaftliches 97
Systemanalyse 113
Stundenproduktivität 105

Taktabstimmung 25, 27, 29
Tankcontainer 50, 54
Tarif 99
Terminal 19, 30, 47, 56
Terminalchassis 20
Terminalgelände 21
Terminalkapazität 75
Terminaltransportmittel 27, 42, 70, 86, 90, 116
TERMSIM 66, 119, 121, 167
TERMSIM HP 138, 139, 142, 149, 153, 156, 167
TEU 9
TEU-Basis 85
Thermalcontainer 50
Tiefseefahrt 67
Tiefseeschiff 13

Toprahmen 23
Totalkapazität, betriebliche 104
Transportkette 33
Transportmittel 47, 74, 86, 90
TRANSPORTMODUS 54, 55, 56, 61
Transtainer 19
Turm 38
Turmbauweise 38
Twenty-Foot Equivalent Unit 9
Typ 47, 48, 54
Typ A 70, 126
Typ B 70, 126
Typ C 70, 126
Typfrachter 167
Typschiff 58, 74, 126

Überbreite 48
Überhöhe 51
Überseecontainer 14, 48
Umschlag 28
- , indirekter 19
- , maximaler 84
Umschlagfunktion 21, 28
Umschlagart 12
Umschlagproblem 11
Umschlagsystem 12
Umschlagvolumen 80, 81
Umstaubewegung 11, 60, 93, 120, 147, 161, 174, 177
Umstauen 97, 105
Umstauer 99, 105
Umstaukosten 104
Umstauproblematik 12, 47, 54, 57, 61, 74, 80, 86, 113, 138
Umstauvorgang 20
Unterhaltungskosten 22, 101
- , kalkulatorische 101
Unternehmensziel 97, 98
Untersuchung, betriebswirtschaftliche 97

Van Carrier 19, 21, 22, 37, 39, 57
Van-Carrier-Sektor 28
Ventilated Box 50, 54
Verfahren 109
- , heuristisches 114
- , monotypes 24
Verkehrsträger 13
Vermögenssteueranteile 101
Verschiebewagen 38
Versicherung 101

Versicherungskosten 101
Verteilung, empirische 121, 126
- , theoretische 121
Verwaltungskostenanteil 101
Verweildauer 61, 80, 83, 84, 91, 117, 149, 153, 179
- , durchschnittliche 83
Verweildauerberechnung 56
Verweildauerverteilung 120, 148, 154
- , abholerorientierte 147
- , ebenenorientierte 145
- , schiffsorientierte 145
Vickers 31, 37
Vickers-Lautovick 32
40'-Behälter 55
40'-Container 23
Vollcontainerschiff 47
Vollkostenrechnung 100
Vorhafen 31, 32
Vorlauf, schiffsorientierter 138
Vorstau 35

Waggon 61
Waggonzusammensetzung 63
Wannenchassis 29
Warenart 47, 50
Warteraum 115
Wartung 22
Wartungszeit 80
Wasserseite 27, 75, 80, 87
Weg-Zeit-Gesetz 108
Welt-Containerbestand 9
Wirtschaftlichkeit 179
Wirtschaftlichkeitsanalyse 42
Wirtschaftlichkeitsprinzip 99
Wirtschaftlichkeitsstreben 98
Wirtschaftlichkeitsvergleich 39
Wochenschichten 104

10'-Container 55
Zeitverschleiß 101
Zentralturm 35, 36
Ziel 97
Zielerreichung, ökonomische 97
Zielerreichungsgrad 97
Zielgröße 179
Zielsetzung 97, 98
- , unternehmerische 98
Zinsen 101
- , kalkulatorische 101
Zubringerschiff 60

Zufallszahlengenerator 140, 157
Zug 21
Zuglänge 61
Zugriff, wahlfreier 11

20'-Behälter 55
20'-Fuß-Einheit 25
Zwischenlagerung 31
Zwischentransport 29
Zwischentransportmittel 80

Printed by Libri Plureos GmbH
in Hamburg, Germany